播音与主持艺术专业
"十四五"规划教材·实训系列

主持人形体与体态语实训教程

李 鹏 著

中国传媒大学出版社
·北京·

图书在版编目(CIP)数据

主持人形体与体态语实训教程 / 李鹏著. -- 北京：中国传媒大学出版社，2021.3（2024.11 重印）
播音与主持艺术专业"十四五"规划教材. 实训系列
ISBN 978-7-5657-2839-6

Ⅰ. ①主…　Ⅱ. ①李…　Ⅲ. ①主持人—形态训练—高等学校—教材　Ⅳ. ①G224

中国版本图书馆 CIP 数据核字（2020）第 225919 号

主持人形体与体态语实训教程
ZHUCHIREN XINGTI YU TITAIYU SHIXUN JIAOCHENG

著　　者	李　鹏
策划编辑	李水仙
责任编辑	李水仙
责任印制	李志鹏
封面设计	风得信设计·阿东
出版发行	中国传媒大学出版社
社　　址	北京市朝阳区定福庄东街 1 号　　邮　编　100024
电　　话	86 - 10 - 65450528　65450532　　传　真　65779405
网　　址	http://cucp.cuc.edu.cn
经　　销	全国新华书店
印　　刷	北京中科印刷有限公司
开　　本	787mm × 1092mm　1/16
印　　张	15.75
字　　数	289 千字
版　　次	2021 年 3 月第 1 版
印　　次	2024 年 11 月第 4 次印刷
书　　号	ISBN 978-7-5657-2839-6/G·2839　　定　价　59.80 元

本社法律顾问：北京嘉润律师事务所　郭建平

目 录

扫码获取
本书课件

使用说明　/ 1

概　　述　/ 1

第一部分　形体基础规范训练

第一章　身体认知与把杆训练　/ 10
　　第一节　身体认知与活动　/ 11
　　第二节　把杆站位与训练　/ 31

第二章　身体延伸与呼吸训练　/ 65
　　第一节　身体的延伸训练　/ 65
　　第二节　身体的呼吸训练　/ 76

第三章　身体韵律与表现训练　/ 85
　　第一节　芭蕾舞韵律与表现训练　/ 85
　　第二节　中国古典舞韵律与表现训练　/ 99
　　第三节　其他舞种韵律与表现训练　/ 122

第二部分　体态元素强化训练

第四章　体态元素强化训练（一） / 128
　　第一节　目光语的交流 / 130
　　第二节　表情语的体现 / 140
　　第三节　手势语的表达 / 145

第五章　体态元素强化训练（二） / 158
　　第一节　端庄文雅的坐姿 / 158
　　第二节　直立挺拔的站姿 / 169
　　第三节　轻盈稳健的走姿 / 174
　　第四节　大方得体的蹲姿 / 184

第三部分　体态元素综合表现

第六章　体态元素综合表现（一） / 190
　　第一节　体态语与有声语言结合的静态空间训练 / 191
　　第二节　体态语与有声语言结合的动态空间训练 / 196

第七章　体态元素综合表现（二） / 201
　　第一节　"课堂竞赛"式的体态语综合训练模式概说 / 201
　　第二节　选手出场亮相风采展示 / 204
　　第三节　单人节目主持开场训练 / 209
　　第四节　双人搭档节目主持开场训练 / 217
　　第五节　多人电视综艺晚会节目主持开场训练 / 232

参考文献 / 240

后　记 / 241

使用说明

第一，《主持人形体与体态语实训教程》的编写，分为形体基础规范训练、体态元素强化训练和体态元素综合表现三部分。每一部分的训练目的、训练特点、训练内容、训练过程、训练要求、训练方法和训练素材都有详细的描述和记录。

第二，教材重在图文并用，由于受到训练过程动态的特点和文字表述的局限，所以用一定的图片进行补充说明。

第三，尽量统一使用专业术语来表述训练中的动作，对于特殊的个性化动作，则用描述性语言来表述；每一个组合的记录是按音乐节拍的长短进行表述的。

第四，以训练室空间的8个方位和3个空间来界定身体和动作的方向运动。

8个方位是指在训练时，如果把训练室比作舞台，那么会有8个方位。以学生身体的正前方为1点，每向右转45度为下一个点。即身体的右斜前方为2点，右手旁为3点，右斜后方为4点，正后方为5点，左斜后方为6点，左手旁为7点，左斜前方为8点。见图1所示。

3个空间是指在训练时，如果把训练室比作舞台，那么会有横向和纵向的三度空间。横向的三度空间是指浅度空间、中度空间和深度空间。舞台的前方，即离观众席较近的位置称为浅度空间；舞台的中部称为中度空间;舞台的后方,即离观众席较远的位置称为深度空间。见图2所示。纵向的三度空间是指地面的低度空间、中间的中度空间和高空的高度空间。

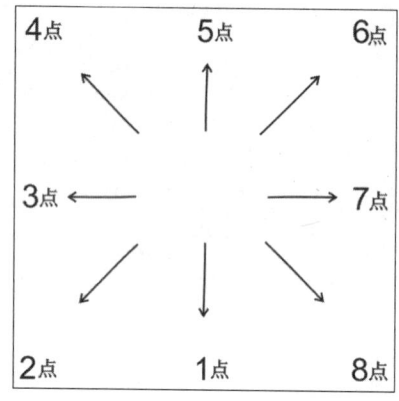

图1 方位图

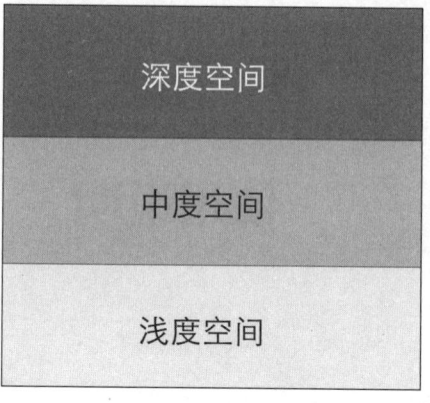

图2 空间图

概　述

播音与主持艺术专业是随着中国广播电视事业的发展而兴起的一门较为年轻的学科,它始创于20世纪50年代中后期。"半个多世纪以来,该学科从无到有,并逐渐发展成为一个独立的边缘交叉学科,具有独立的理论框架、明确的研究范畴和基本概念,揭示了广播电视播音主持的本质和规律,形成了具有中国特色的广播电视播音学体系"[①]。

一、主持人形体与体态语实训教程编写的背景

播音与主持艺术专业教育长期致力于探寻有声语言传播的规律,并不断完善相应的训练体系。在全国开办的播音与主持艺术专业院校中,有相当一部分院校还没有开设较为系统的主持人形体与体态语训练方面的课程,而与之配套的实训教材更是凤毛麟角。有部分院校虽然开设了形体训练课程,但授课教师均是由本校或外校的体育、舞蹈或影视表演等专业的教师担任授课工作。这些授课教师虽然对自身的专业领域有一定的研究,但由于受到自身专业的影响以及对播音与主持艺术专业的培养目标缺乏准确的认识,同时对该专业的其他相关课程也缺乏一定的

---

① 庄妍.播音与主持艺术院校现状分析[J].青年文学家,2011(23):283.

了解,这就使课堂训练变得"因师而异",在训练内容的安排上往往比较灵活,缺乏一定的针对性。

(一)主持人形体与体态语实训课程现状

在形体与体态语实训课程方面,中国传媒大学播音与主持艺术学院在大学三年级的综艺节目主持方向设有"形体训练"课程。浙江传媒学院播音与主持艺术学院的三个专业,即播音与主持艺术专业、播音与主持艺术专业(影视配音方向)、播音与主持艺术专业(礼仪文化方向)在最新修改、制订的教学计划中均设有"形体训练"课程。其中,前两个专业的"形体训练"课程以选修课的形式进行选报,而播音与主持艺术专业(礼仪文化方向)的"形体训练"课程则为专业必修课。上海戏剧学院播音与主持艺术专业除了开设为期两年的"形体训练"课程外,还开设了一门独具特色的课程——"演播空间处理",这门课程将形体、表演等元素与电视节目主持的训练进行有机融合,其实用性和可操作性相对较强。

(二)主持人形体与体态语实训教材现状

在形体与体态语实训教材方面,有适合于全国中等职业学校各专业学生参考使用的教材,比如付桂英主编的《体态礼仪与形体训练》(北京师范大学出版社),也有适合于全国高职高专院校各专业学生参考使用的教材,比如王晶、张岩松主编的《形体训练与形象设计》(清华大学出版社)等。有适合于全国各大院校的学前教育(幼师教育)专业教学使用的教材,比如王诗漪编著的《舞蹈形体训练基础》(浙江大学出版社),也有适合于普通高校音乐学(教师教育)专业教学使用的教材,比如田培培编著的《形体训练与舞蹈编导基础》(上海音乐出版社)等。有适合于全国高等、中等医学院校护理、涉外护理、助产专业学生使用的教材,比如冯卫红、曲海英主编的《护士礼仪与形体训练》(科学出版社),王颖主编的《医护礼仪与形体训练》(科学出版社),高达玲主编的《护理礼仪与形体训练》(东南大学出版社)等。还有适合于全国高等职业院校旅游、酒店、导游等专业学生使用的教材,比如王振超、薛月主编的《形体训练》(科学出版社),洪丽敏等编著的《旅游服务形体训练》(浙江大学出版社),张舒哲、何霞主编的《旅游服务礼仪与形体训练》(旅游教育出版社)等。有适合于普通高校体育教师、学生和社会人员参考使用的教材,比如赵晓玲、彭波主编的《形体训练》(科学出版社),段黔冰、赵晓玲主编的《形体训练》(科学出版社),彭延春、常蕾编著的《形体训练教程》(中国轻工业出版社)等。还有适合社会服务行业从业人员,尤其是空乘人员、礼仪接待人员、饭店管理人员等参考使用的教材,比如张桂兰主编的《形体训练》(国防工业出版社),苏静主编的《乘务人员形体训练》(机械工业出版社),魏全斌主编的《民航服务人员形体训练》(北京师范大学出版社),姚明焰、周智杰主编的《形体训练》(中国劳动社会保障出版社)等。

但适合普通高等院校播音与主持艺术专业教师和学生使用的教材则少之又少。在寥寥可数的几部教材中,较有特色的是四川电影电视学院的翁如编著的《主持人表现力训练教程》(中国传媒大学出版社),"该教材融入了思维、表演、主持、形体、音乐、绘画等内容,通过训练,较好地开发了学生的素质和潜能,提高了学生的可塑性、创造力和形体及语言的表现力,使学生更好地适应主持人岗位的工作需要"[①]。但该教材涉及主持人体态语方面的训练内容较少,更多的是提供了一种形体训练的思路和方法。

在其他的相关教材中,大多是用其中的某一个章节,对主持人体态方面的内容和要求做了理论性的概括,而涉及形体与体态语训练方面的内容较少。比如,应天常编著的《播音主持技艺教程》(武汉大学出版社)第六章,描述了播音员、主持人的"形体态势训练";赵忠祥、白谦诚主编的《主持人技艺训练教程》(武汉大学出版社)第二章,描述了播音员、主持人的"形体与体态语训练";廖声武的《节目主持人教程》(中国人民大学出版社)第五章,描述了"主持人的形象塑造"。

也有一部分专著涉及了主持人体态语的内容,在这些相关的专著中,介绍了体态语的概念,指出了体态语的重要性,也谈到了体态语的具体运用。但略有遗憾的是,没能介绍详细的训练方法。比如,俞虹的《节目主持人通论(修订版)》(中国广播电视出版社)第十章,描述了"电视节目主持人的无声语言";许嬿、周嘉丽编著的《电视节目主持人风格与节目主持艺术》(西南交通大学出版社)第三章,描述了"电视节目主持人的体态语运用艺术"。

二、主持人形体与体态语实训教程编写的意义

时代的发展、社会的进步推动着电视节目的更新与变换,而电视节目的更新与变换又对主持人提出了更高、更新、更难的要求,这种要求是多层次、多领域的。单以电视新闻节目为例,从主持人形体与体态语的角度分析,我们就不难发现,"随着时代的发展,电视新闻节目的播报方式也随之发生着变革,从最初的坐姿

---

① 翁如. 主持人表现力训练教程[M]. 北京: 中国传媒大学出版社, 2013: 2.

'播新闻'派生出站姿'说新闻'和走姿'聊新闻'等多种新闻播报样态"[①]。电视节目对主持人的体态要求也越来越高。所以，在主持人形体与体态语实训课程和教材现状分析的基础上编写《主持人形体与体态语实训教程》的意义在于，能更好地满足当今广播电视事业发展的时代需求。

反观当下，网络新媒体的异军突起对传统媒体的冲击一浪高过一浪，这是媒体发展的时代潮流，也是时代使然。但我们还是应当清醒地认识到，电视媒体作为主流媒体的地位是不可取代的。全媒体融合的时代对电视节目主持人的要求变得越来越高。如何在媒体发展的热潮中提升电视节目主持人自身的竞争力是当下播音与主持艺术专业教育需要思考的问题。

反观教学，作为普通高等院校播音与主持艺术专业的教师，能否随着广播电视行业的发展而不断调整、完善并制定出一套适合播音与主持艺术专业学生使用的"主持人形体与体态语实训教程"是亟待解决的问题。

这本教材将播音与主持艺术专业形体与体态语教学的经验和成果进行了总结、完善。在编写的方式上，由于训练动态在文字表达上有困难，所以在对整个训练过程进行详细描述和记录的同时也会用图片、二维码等补充说明。本书尤为注重每一个训练环节的内在感受和具体要求，重在引导播音与主持艺术专业的师生认识并把握形体与体态语实训的目的和任务、内容和规律、方法和结构等。

三、主持人形体与体态语实训的特性和目的

形体与体态语训练是针对播音与主持艺术专业的学生或电视节目主持人这一"特殊"的专业人群而专门开设的一门以塑形、美体为基本训练目标，以播音员、主持人准确、恰当地运用体态语来辅助有声语言的表达为终极训练目标的实训课程。通过学习，能够较全面地认识和掌握形体与体态语训练的教材内容、教学要求、训练特点、训练程序和模式。

虽然该实训课程借鉴了一部分舞蹈训练的内容和方法，但绝不等同于舞蹈训练。主持人形体与体态语实训教程以培养播音与主持艺术专业的学生为宗旨，并结合该专业学生的特点和实际情况，通过针对性的训练克服学生体态的缺点，塑造优美的形体，使学生树立形体与体态的规范意识、呼吸意识、美感意识和表现意识；同时提高学生内心的感受能力并建立内在的自信心，从而在有声语言的表达中既能

---

① 李鹏.体态之用 用之有度：从电视新闻节目主持人的体态说起[J].今传媒，2014（2）：114-116.

准确、恰当地运用体态语,又能显现出一种由内而外的高雅气质。

四、主持人形体与体态语实训的教学模式、程序与教材结构及编写特点

(一)主持人形体与体态语实训的教学模式与程序

主持人形体与体态语实训教程由形体基础规范训练、体态元素强化训练和体态元素综合表现三个部分构成。这一教学程序,由笔者多年来在教学实践中摸索总结而得出。

第一,我们要以播音与主持艺术专业的培养目标("播音与主持艺术专业培养具备中国语言文学、新闻传播学、戏剧与影视学等多学科知识与能力,能在广播电视等传媒机构和其他相关单位从事播音主持及新闻传播等工作的应用型、复合型人才。"[①])为宗旨,在探寻有声语言传播规律的同时,也要注重形体与体态语这一"非有声语言"传播的训练,并随着广播电视行业的发展,不断提升训练水平,从而使该训练体系得到逐步完善。

第二,我们要根据学生的条件、特点和实际情况,设立有针对性的教学内容与手段,以满足形体与体态语的训练要求。

第一阶段为形体基础规范训练阶段。多数播音与主持艺术专业的学生在进入大学前对形体与体态语概念的认识几乎是一片空白。即使有少部分学生接受过所谓的"形体训练"教育,也只是在小时候有过间断性学习舞蹈的经历,或是出于播音与主持艺术类考试中"才艺展示"环节的需要而临时学习过一段舞蹈。除此之外的大多数学生均没有接受过专业的形体与体态语训练。根据这一实际情况,首先要对学生进行全面、系统的形体基础规范训练,使学生具备形体的规范意识、美感意识和表现意识,从而为下一阶段——体态元素强化训练奠定良好的形体基础。

第二阶段为体态元素强化训练阶段。这一阶段是在形体规范训练的基础上对体态语的构成元素逐一进行训练。通过训练,强化学生目光语的交流、表情语的体现、手势语的表达和姿态语的运用,从而为最后一个阶段——体态元素综合表现做重要的铺垫和充足的准备。

第三阶段为体态元素综合表现阶段,也是主持人形体与体态语训练的最高阶

---

① 中华人民共和国教育部高等教育司.普通高等学校本科专业目录和专业介绍(2012年)[M].北京:高等教育出版社,2012:356.

段。这一阶段将形体与体态语的各个元素加以整合,以中国古代的经典诗词为训练素材,进行有声语言与体态语的结合训练。同时,借鉴电视节目主持的形式,以"课堂竞赛"式的体态语综合训练模式进行全面而综合的体现。

由此可见,从"基础规范"到"强化训练"再到"综合表现"的教学过程是一个前有规范整理、后有强化发展,逐步渗透、自然衔接的过程。既体现出传承的沿革性、科学的逻辑性、训练的有效性,又体现出主持人形体与体态语实训教学模式的优势和特点。

(二)《主持人形体与体态语实训教程》的结构与编写特点

1. 《主持人形体与体态语实训教程》的结构

教材的全部内容由形体基础规范训练、体态元素强化训练和体态元素综合表现三部分构成。以此体现出主持人形体与体态语实训教程的教学内容、教学特点和教学规律。

第一部分的形体基础规范训练,通过"身体认知与把杆训练""身体延伸与呼吸训练"和"身体韵律与表现训练"三个章节,逐步实现从"形体规范"到"形体美感"再到"形体表现"的过渡。首先,从身体的认知与活动开始,围绕"直立""延伸""柔韧"和"协调"四大元素,通过把杆训练和身体的延伸训练达到形体的"规范";其次,通过中国古典舞身韵对身体的呼吸进行全面的训练,达到形体的"美感";最后,通过不同舞种的韵律和表现训练使身体具备一定的表现力,进而达到形体的"表现"。

第二部分的体态元素强化训练从"目光语的交流""表情语的体现""手势语的表达"和"姿态语的运用"(端庄文雅的坐姿、直立挺拔的站姿、轻盈稳健的走姿、大方得体的蹲姿)等章节,对构成体态语的各个元素进行强化训练。

第三部分的体态元素综合表现,通过整合形体与体态语的各个元素,并结合中国古代的经典诗词,从而对有声语言与体态语进行综合呈现。第六章由体态语与有声语言结合的"静态空间训练"和"动态空间训练"两部分内容组成;第七章则是在借鉴电视节目主持形式的基础上总结出"课堂竞赛"式的体态语综合训练模式。以"课堂竞赛"的形式,对单人、双人和多人电视节目的开场主持进行全面、系统的训练,从而为学习"演播空间处理"和"电视节目播音主持"等课程奠定良好的体态基础。

2. 《主持人形体与体态语实训教程》的编写特点

本教程一共有三大部分，共七章内容。七章内容既可作为一个完整的教学体系，亦可自成体系、独立实施。

该实训教程的编写，注重理论讲授，更注重训练过程。在理论讲授中，对每一个环节的训练目的、训练特点、训练内容、训练要求、训练方法和训练素材都进行了翔实、确切的描述，对训练过程也尽可能进行详细的记录。但由于受到训练过程动态的特点和文字表述的局限性影响，也使用图片、二维码等进行补充说明，体现了该教材图文并用、立体的编写特点。

为了帮助读者认识教学训练的内涵，把握教学规律，掌握教学要点，在形体基础规范训练中，以"内在元素""具体要求"和"训练过程"为记录训练内容的方式；同时，又从"准备动作""动作过程""结束动作"和"音乐伴奏"几部分记录训练过程。在体态元素强化训练中，从"理论概述"和"元素训练"两部分进行记录。在体态元素综合表现中，则以"训练内容""训练音乐""训练过程"和"训练总结"为记录具体训练方法的方式。

在形体基础规范训练中，最显著的特点是选用钢琴伴奏作为训练音乐。这些乐曲体现了钢琴伴奏教师对形体教学工作的热爱、对形体伴奏规律的探索和对形体与体态语实训教材建设所做的努力。这些乐曲具有典型性和代表性，可以帮助从事形体教学和形体伴奏的教师在选择音乐时更好地把握音乐与动作的和谐统一、把握音乐与动作的同一属性，从而使形体教学中的听觉与视觉得到完美的结合。

综上所述，我们有理由相信，主持人形体与体态语的实训教学作为播音与主持艺术专业教学体系中的一个重要组成部分，定会在不断地实践探索中趋于完善和成熟。

第一部分

形体基础规范训练

第一章
身体认知与把杆训练

台湾云门舞集的艺术总监、云门舞集舞蹈教室的创办人林怀民在《回归身体》一书的序言中说道:"非礼勿言,非礼勿听,非礼勿视,非礼勿动,这是我们的文化。不看身体,不谈身体,也不跟自己的身体说话……传统的文化,让我们回避身体,忘了身体是我们毕生的朋友,是生命的起始也是终结。我们没有倾听自己身体的习惯,只把它当作机器,用它,操作它,直到它尖叫、罢工、生病……身体是个内存,蕴藏着先人的经验与智慧和那些无法言说的本能。云门希望孩子在被社会制约化之前,在尽情地舞动中,唤起这些本能。长大后,即使受到压制,在苦恼中,仍记得用深呼吸来调整心里的景观,仍可以大方地抱人,也自在地接受拥抱……"[1]这是林怀民对身体本质的独到见解,也是他自1973年创办云门舞集后时隔25年再次创办云门舞集舞蹈教室的初衷。

认识、感知身体,和身体交流、对话并进行表达是每一个人都应当去做的事情。

对于播音与主持艺术专业的学生来说,未来或许会成为一名播音员,或许会成为一名电视节目主持人,或者成为其他职业中的一员。无论是作为公众视野下的传媒人,还是作为普通行业中的一员,在与人交流中的一言一行、一举一动,一举手、一投足,都会作为身体发出的一个"信号",体现其内在的涵养与素质。要提高这种内在的涵养与素质,就需要我们从认识身体开始。

---

[1] 杨孟瑜. 回归身体 [M]. 北京: 生活·读书·新知三联书店, 2013: 7-8.

第一节　身体认知与活动

身体是指人或动物的整个生理组织，有时特指躯干和四肢。人是一个具有生命活动功能的整体，每个人的身体都是由相同的部位构成，但又具有各自不同的特点；每个人的身体就像一个小宇宙，有着各种各样的秘密。我们虽然每天都与自己的身体朝夕相处，但是否真正了解自己的身体呢？

从外观上来看，身体由头部、颈部、躯干和四肢四个部分构成。

头部：前上为额、下为面，头的侧面为颞，上面为顶，后为枕。头部有眼、耳、鼻、口等器官。

颈部：颈的后面叫项，前面称颈。颈把头和躯干连接起来。

躯干：前面为胸部和腹部，后面为背部和腰部。在胸与腰之间有一横的肌肉，叫膈肌，它将躯干内腔分为胸腔和腹腔。

四肢：包括一对上肢和一对下肢。上肢由肩、大臂、肘部、小臂、手腕和手组成；下肢由髋部、臀部、大腿、膝盖、小腿、脚踝和脚组成。

一、本节的训练目的

本节作为形体训练的开端，首先在认知身体的基础上对身体的各个部位进行热身活动；其次对身体的局部进行基本开度的训练；最后对身体的肌肉素质进行训练。通过训练，让学生进一步认识身体的各个部位，"唤醒"身体各个部位的关节、肌肉、韧带等组织；再通过基本开度的训练和肌肉素质训练使身体具备一定的控制能力，从而为下一步的"把杆训练"奠定良好的基础。

二、本节的训练特点

第一，以动作组合为训练形式。

第二，以钢琴伴奏为训练音乐。

第三，每一部分的动作组合环环相扣，前一个组合是后一个组合训练的基础，后一个组合是前一个组合训练的延续，几部分训练内容有机地形成一个整体，共同构成本节的训练内容。

第四，每一部分的动作组合从内在元素、具体要求、训练过程三个方面展开。其中，内在元素是内在感受的体现；具体要求是在动作组合完成过程中所要做到的具体的要求；训练过程结合音乐伴奏展开。由于受到训练过程动态的特点和文字表述的局限性影响，在对其进行详细描述和记录的同时也会使用图片、二维码等进行补充说明。

第五，对于播音与主持艺术专业的学生来说，因为他们不具备专业舞蹈的训练功底，所以在训练的难度、力度和强度上比舞蹈专业学生的训练相对有所减弱。虽然组合的难度有所降低，但在具体的要求上同样要严格、规范，重在增强内在元素的感受。

三、本节的训练内容

本节包括三个部分的训练内容，分别是身体各部位的活动、身体基本开度的训练和身体肌肉素质的训练。

（一）身体各部位的活动

1. 头部和颈部的活动

（1）内在元素

在动作的过程中感受头部和颈部的柔韧性。

（2）具体要求

第一，在头部和颈部活动的过程中，双肩要放松、下沉，切忌出现"耸肩"的做法，尤其是在头部和颈部做"向左"或"向右"的倾倒动作时，应当用耳朵去找寻肩膀，而不是用肩膀去找耳朵。

第二，在头部和颈部做"从左至右"或"从右至左"的环绕动作时，要把动作做饱满。在环动中应当经过身体的每一个方位，并在环动中充分感受颈部的拉伸和柔韧性。

（3）训练过程

①准备动作

在身体保持直立的状态下，面向身体的1点站立。准备时，双脚打开，保持与肩同宽的距离，脚尖朝前；双臂自然放松，下垂于身体两侧；在颈部拉长、头部摆正的基础上，双眼平视前方，给4拍（五、六、七、八）的准备音乐（图1-1）。

②动作过程

在准备动作结束后依次完成头部、颈部"向下、向后、向左、向右、向左拧转、向右拧转、左环动和右环动"的活动过程。

第1个八拍，4拍（一、二、三、四）头部、颈部向下，用下颌去找寻锁骨窝的位置。在向下的过程中，颈部的后方得到最大限度的拉长（图1-2）。4拍（五、六、七、八）头部、颈部向上，回到准备的位置。

第2个八拍，4拍（一、二、三、四）头部、颈部向后，眼睛看头顶的上方。在向后的过程中，颈部的前方得到最大限度的拉长（图1-3）。4拍（五、六、七、八）头部、颈部向前，回到准备的位置。

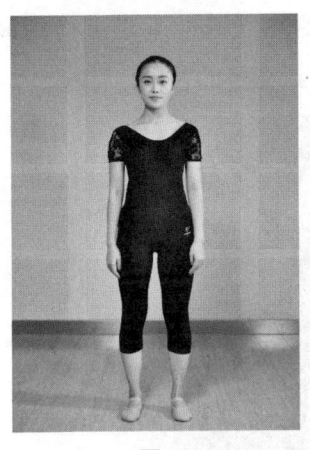 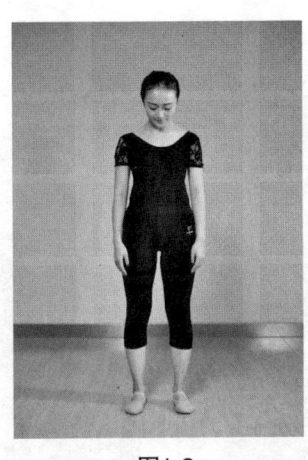 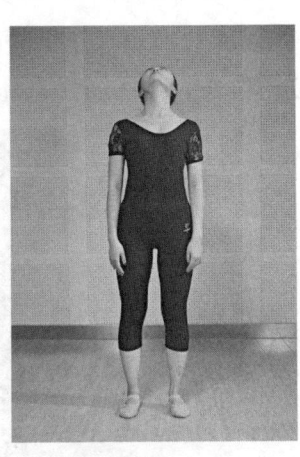

图1-1　　　　　　　图1-2　　　　　　　图1-3

第3个八拍，4拍（一、二、三、四）头部、颈部向左，用左耳去找寻左肩的位置，眼睛依然看向前方（图1-4）。在向左的过程中，颈部的右侧得到最大限度的拉长。4拍（五、六、七、八）头部、颈部向上，回到准备的位置。

第4个八拍，4拍（一、二、三、四）头部、颈部向右，用右耳去找寻右肩的位置，眼睛依然看向前方（图1-5）。在向右的过程中，颈部的左侧得到最大限度的拉长。4拍（五、六、七、八）头部、颈部向上，回到准备的位置。

 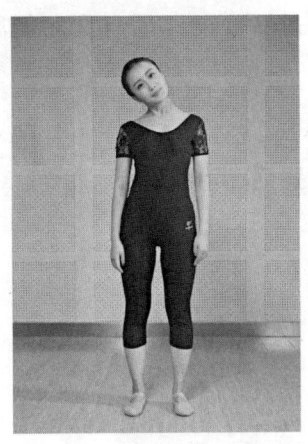

图1-4　　　　　　　图1-5

第5个八拍，在保持颈部拉长、头部摆正的基础上，4拍（一、二、三、四）用下颌带动头部和颈部向左侧水平拧转，同时去找寻左肩的位置，眼睛从1点向左看向身体的7点（图1-6）。在向左拧转的过程中，颈部的右侧在立起的基础上得到最大限度的拉长。4拍（五、六、七、八）头部、颈部向右转回到准备的位置。

第6个八拍，在保持颈部拉长、头部摆正的基础上，4拍（一、二、三、四）用下颌带动头部和颈部向右侧水平拧转，同时去找寻右肩的位置，眼睛从1点向右看向身体的3点（图1-7）。在向右拧转的过程中，颈部的左侧在立起的基础上得到最大限度的拉长。4拍（五、六、七、八）头部、颈部向左转回到准备的位置。

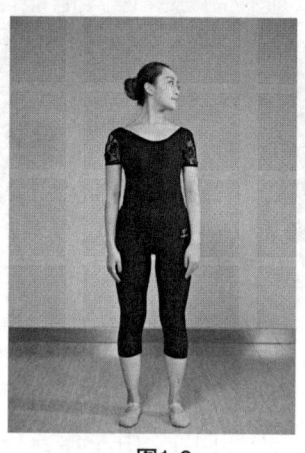
图1-6

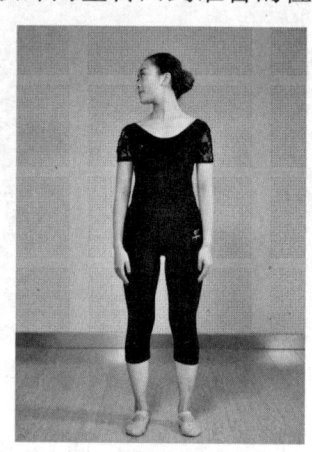
图1-7

第7个八拍，做从左至右的环动。头部、颈部从准备的位置经过向下、向左斜前、向左旁、向左斜后、向正后方到右斜后、右旁、右斜前再到下方，最后回至准备位置。

第8个八拍，做从右至左的环动。头部、颈部从准备的位置经过向下、向右斜前、向右旁、向右斜后、向正后方到左斜后、左旁、左斜前再到下方，最后回至准备位置。

③结束动作

回至准备位置后，给4拍（五、六、七、八）的结束音乐，保持身体直立的状态，训练结束。

④音乐伴奏

音乐的节拍：4/4。

头部和颈部的活动音乐伴奏及曲谱[①]

---

① 林龙.中国古典舞基训钢琴伴奏曲选[M].上海：上海音乐出版社，2010：4.

音乐的时长：9个八拍。其中，准备动作4拍；动作过程8个八拍；结束动作4拍。

2. 肩部的活动

（1）内在元素

在动作的过程中感受肩部的柔韧性。

（2）具体要求

第一，在肩部活动的过程中，双肩要放松、下沉，切忌出现"耸肩"的做法。

第二，在肩部进行前后甩动的过程中，应控制好身体其他部位，切忌出现"腹部前挺"或"臀部后撅"的做法。

（3）训练过程

①准备动作

在身体保持直立的状态下，面向身体的1点站立。准备时，双脚打开，保持与肩同宽的距离，脚尖朝前；双臂自然放松，下垂于身体两侧；在颈部拉长、头部摆正的基础上，双眼平视前方。给1个八拍的准备音乐，4拍（一、二、三、四）保持不动，4拍（五、六、七、八）双手十指交叉，拉起至头部上方，双臂在耳朵两侧，掌心朝上（图1-8）。

②动作过程

在准备动作结束后用4个八拍完成肩部"前、后"甩动的活动过程：

前2个八拍，进行肩部前、后的甩动；

后2个八拍，进行动作的控制（图1-9）。

图1-8

图1-9

③结束动作

在动作控制的基础上，给4拍（五、六、七、八）的结束音乐，双手从上方打开到旁并落回至身体两侧，训练结束。

④音乐伴奏

音乐的节拍：2/4。

音乐的时长：5个半八拍。其中，准备动作1个八拍；动作过程4个八拍；结束动作4拍。

肩部的活动音乐伴奏及曲谱①

3. 胸部的活动

（1）内在元素

在动作的过程中感受胸部的柔韧性。

（2）具体要求

第一，在完成屈臂向后扩胸的动作时，应做到：双手握拳，双臂端平。

第二，在完成直臂向后扩胸的动作时，应做到：手掌平摊，五指并拢，掌心朝上。

（3）训练过程

①准备动作

在身体保持直立的状态下，面向身体的1点站立。准备时，双脚打开，保持与肩同宽的距离，脚尖朝前；双臂自然放松，下垂于身体两侧；在颈部拉长、头部摆正的基础上双眼平视前方。给1个八拍的准备音乐，4拍（一、二、三、四）保持不动；4拍（五、六、七、八）双手握拳、双臂弯曲并平端于胸部的正前方，与身体保持10厘米的间距（图1-10）。

②动作过程

在准备动作结束后用4个八拍完成"扩胸"的动作过程：

第1个八拍，2拍（一、二）完成两次屈臂向后的扩胸动作（图1-11），2拍（三、四）完成两次直臂向后的扩胸动作（图1-12），后4拍重复前4拍的动作。后3个八拍的动作与第1个八拍的动作相同。

③结束动作

做完最后一次直臂向后的扩胸动作后，给4拍（五、六、七、八）的结束音乐，双手向下落回至身体两侧，训练结束。

---

① 梁鹤. 中国古典舞基训钢琴伴奏曲集[M]. 长春：吉林音像出版社，2000：3.

图1-10　　　　　　　图1-11　　　　　　　图1-12

④音乐伴奏

音乐的节拍：2/4。

音乐的时长：5个半八拍。其中，准备动作1个八拍；动作过程4个八拍；结束动作4拍。

胸部的活动音乐伴奏及曲谱[①]

4. 脊柱的活动

（1）内在元素

在动作的过程中使脊柱得到充分的活动。

（2）具体要求

第一，在完成屈臂体转的动作时，应做到：双手握拳，双臂端平。

第二，在完成屈臂向左体转的动作时，下身在保持重心稳定的基础上面向1点的位置，上身应向左转至7点的位置；在完成屈臂向右体转的动作时，下身在保持重心稳定的基础上面向1点的位置，上身应向右转至3点的位置。

（3）训练过程

①准备动作

准备动作与前一个组合一致，都是在身体保持直立的状态下，面向身体的1点站立。准备时，双脚打开，保持与肩同宽的距离，脚尖朝前；双臂自然放松，下垂于身体两侧；在颈部拉长、头部摆正的基础上，双眼平视前方。给1个八拍的准备音乐，4拍（一、二、三、四）保持不动；4拍（五、六、七、八）双手握拳、双臂弯曲并平端于胸部的正前方，与身体保持10厘米的间距。

---

① 梁鹤.中国古典舞基训钢琴伴奏曲集［M］.长春：吉林音像出版社，2000：2.

②动作过程

在准备动作结束后用4个八拍完成"体转"的动作过程：

第1个八拍，2拍（一、二）完成两次屈臂向左的体转动作（图1-13），2拍（三、四）完成两次屈臂向右的体转动作（图1-14），后4拍重复前4拍的动作。后3个八拍的动作与第1个八拍的动作相同。

图1-13　　　　　　图1-14

③结束动作

做完最后一次屈臂向右的体转动作后，给4拍（五、六、七、八）的结束音乐，上身转回至1点的位置，双手向下落回至身体两侧，训练结束。

④音乐伴奏

音乐的节拍：2/4。

音乐的时长：5个半八拍。其中，准备动作1个八拍；动作过程4个八拍；结束动作4拍。

脊柱的活动音乐伴奏及曲谱[①]

5. 腰部的活动

（1）内在元素

在动作的过程中感受腰部的柔韧性。

（2）具体要求

腰部的活动是在向前"顶腰"的过程中，使腰部的肌肉得到充分的拉伸。在动作过程中，首先，应保持身体重心的稳定；其次，要根据每个人身体的具体情况调整动作的幅度，使腰部在可控范围内得到最大限度的拉伸。

---

① 梁鹤.中国古典舞基训钢琴伴奏曲集[M].长春：吉林音像出版社，2000：18.

（3）训练过程

①准备动作

在身体保持直立的状态下，面向身体的1点站立。准备时，双脚打开，保持与肩同宽的距离，脚尖朝前；双臂自然放松，下垂于身体两侧；在颈部拉长、头部摆正的基础上，双眼平视前方。给4拍的准备音乐（五、六、七、八）双手后叉腰，并用手指尖顶住腰椎的位置，同时肘部打开到身体的两侧（图1-15）。

②动作过程

在准备动作结束后，用4个八拍完成"顶腰"的动作过程：

第1个八拍，4拍（一、二、三、四）腰部向前顶出，身体后仰，同时收紧下颌，双眼平视前方（图1-16）；4拍（五、六、七、八）回至准备位置。

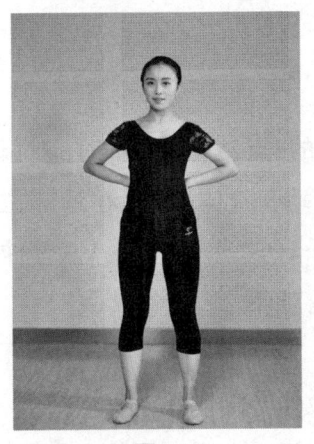
图1-15

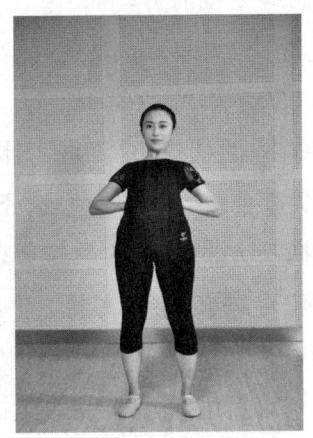
图1-16

第2个八拍的动作与第1个八拍的动作一致。

第3个八拍，4拍（一、二、三、四）腰部向前顶出，身体后仰，同时收紧下颌，双眼平视前方；4拍（五、六、七、八）保持身体的状态，头部和颈部放松的同时继续向后拉伸。

第4个八拍，4拍（一、二、三、四）保持身体体态，4拍（五、六、七、八）身体向上，回至准备动作的位置。

③结束动作

在回到准备动作的位置后，给4拍（五、六、七、八）的结束音乐，双手向下落回至身体两侧，训练结束。

腰部的活动音乐伴奏及曲谱①

④音乐伴奏

音乐的节拍：4/4。

音乐的时长：5个八拍。其中，准备动作4拍；动作过程4个八拍；结束动作4拍。

6. 旁腰的活动

（1）内在元素

在动作的过程中感受侧腰肌的柔韧性。

（2）具体要求

在"拉伸旁腰"的动作过程中，首先，应保持身体水平的向左或向右倾斜；其次，要做到双眼始终平视前方。

（3）训练过程

①准备动作

在身体保持直立的状态下，面向身体的1点站立。准备时，双脚打开，保持与肩同宽的距离，脚尖朝前；双臂自然放松，下垂于身体两侧；在颈部拉长、头部摆正的基础上，双眼平视前方。给4拍的准备音乐（五、六、七、八）双臂伸直，打开至身体两侧与肩同高的位置，同时五指并拢，掌心朝下。

②动作过程

在准备动作结束后用4个八拍完成"拉伸旁腰"的动作过程：

第1个八拍，4拍（一、二、三、四）左手贴于腰部右侧的位置，右臂向上抬起并贴于右耳旁，同时身体向左侧最大限度地拉伸右旁腰（图1-17）；4拍（五、六、七、八）身体向上，回至准备动作的位置。

第2个八拍，4拍（一、二、三、四）右手贴于腰部左侧的位置，左臂向上抬起并贴于左耳旁，同时身体向右侧最大限度地拉伸左旁腰（图1-18）；4拍（五、六、七、八）身体向上，回至准备动作的位置。

第3个八拍的动作与第1个八拍的动作一致。

第4个八拍的动作与第2个八拍的动作一致。

③结束动作

在做完第4个八拍的动作回到准备位置后，给4拍（五、六、七、八）的结束音乐，双手向下落回至身体两侧，训练结束。

---

① 杨洪涛.芭蕾舞基本功训练钢琴伴奏曲选[M].北京：高等教育出版社，2004：2.

图1-17　　　　　图1-18

④音乐伴奏

音乐的节拍：4/4。

音乐的时长：5个八拍。其中，准备动作4拍；动作过程4个八拍；结束动作4拍。

旁腰的活动音乐伴奏及曲谱①

7. 膝盖的活动

（1）内在元素

在动作的过程中感受膝关节的柔韧性。

（2）具体要求

在膝关节的活动中，既要注意膝盖的屈伸，也要做到环动时动作的饱满。

（3）训练过程

①准备动作

在身体保持直立的状态下，面向身体的1点站立。准备时双脚完全并拢，脚尖朝前；双臂自然放松，下垂于身体两侧；在颈部拉长、头部摆正的基础上，双眼平视前方。给1个八拍的准备音乐，4拍（一、二、三、四）保持不动；4拍（五、六、七、八）屈膝半蹲，双手掌心贴于膝盖上方（图1-19）。

②动作过程

在准备动作结束后，用4个八拍完成膝盖的活动过程：

第1个八拍，4拍（一、二、三、四）完成4次屈膝向外按压膝盖的动作（图1-20）；4拍（五、六、七、八）完成4次直膝向里按压膝盖的动作（图1-21）。

---

① 杨洪涛. 芭蕾舞基本功训练钢琴伴奏曲选［M］. 北京：高等教育出版社，2004：1.

 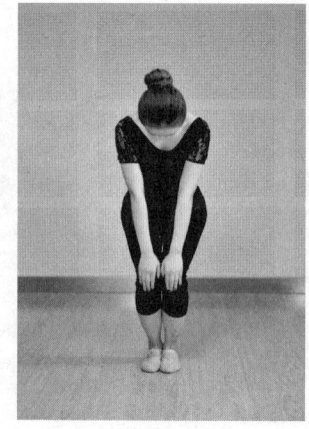 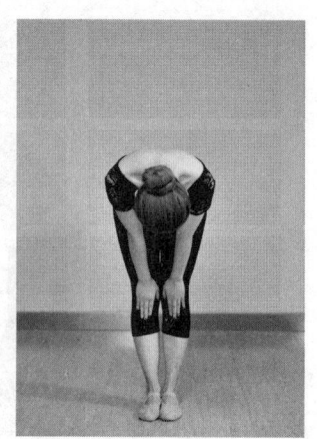

图1-19　　　　　　图1-20　　　　　　图1-21

第2个八拍重复第1个八拍的动作。

第3个八拍，4拍（一、二、三、四）完成两次从左至右的膝关节环动动作；4拍（五、六、七、八）完成两次从右至左的膝关节环动动作。

第4个八拍重复第3个八拍的动作。

③结束动作

在做完第4个八拍的动作回到准备位置后，给4拍（五、六、七、八）的结束音乐，双腿伸直，上身直立，双手回至身体两侧，训练结束。

④音乐伴奏

音乐的节拍：2/4。

音乐的时长：5个半八拍。其中，准备动作1个八拍；动作过程4个八拍；结束动作4拍。

膝盖的活动音乐伴奏及曲谱①

（二）身体基本开度的训练

1. 肩部的开度训练

（1）内在元素

在做"把上压肩"的动作过程中再一次感受肩部的柔韧性。

（2）具体要求

肩部的开度训练属于身体软开度训练中的组成部分，通过"把上压肩"的训练方式，结合"开肩"等动作，可以纠正"弓背含胸"的不良姿态，使肩部得到充分的

---

① 王伟.中国古典舞基本功训练教程［M］.北京：高等教育出版社，2004：195.

外开,进而提升身体的高雅气质。

在做"把上压肩"的动作过程中,首先,呼吸要放松,切忌出现"憋气"的做法;其次,肩部在上下颤动的过程中,要注意动作的幅度,既不要过于控制,也不要幅度过大;最后,伸直手臂和双腿,切忌出现"弯臂""屈膝"的做法。

(3)训练过程

①准备动作

在身体保持直立的状态下,面向把杆站立。准备时,双脚打开,保持与肩同宽的距离,脚尖朝前;上身下压与腿部保持垂直的角度;双臂伸直并打开,保持与肩同宽的距离,搭在把杆上,双手握拳。当做好准备姿势后,腰部下塌,找寻到肩部的受力点,给1个八拍的准备音乐(图1-22)。

图1-22

②动作过程

在准备动作结束后,完成4个八拍"把上压肩"的动作过程,一拍一次。

③结束动作

在做完最后一次"把上压肩"的动作后,给1个八拍的结束音乐,回至身体直立的状态,训练结束。

④音乐伴奏

音乐的节拍:2/4。

音乐的时长:6个八拍。其中,准备动作1个八拍;动作过程4个八拍;结束动作1个八拍。

肩部的开度训练音乐伴奏及曲谱[①]

2.胸腰的开度训练

(1)内在元素

在做"拉伸胸腰"的动作过程中再一次感受胸部与腰部的柔韧性。

(2)具体要求

在做"拉伸胸腰"的动作过程中,首先,手臂动作应与上身动作保持同步,切忌出现"手臂在上,上身在下"的做法;其次,在胸腰向前顶出时应做到"头部先行",即头部、颈部依次向下后,胸腰再向前顶出;最后,在返回时,应做到"胸腰先

---

① 梁鹤.中国古典舞基训钢琴伴奏曲集[M].长春:吉林音像出版社,2000:16.

行",即胸腰先收回,接着颈部、头部依次回到准备的位置。

(3)训练过程

①准备动作

在身体保持直立的状态下,侧身站立于把杆一侧。准备时,双脚打开,保持与肩同宽的距离,脚尖朝前;单手扶把,另一只手下垂于身体的一侧;给1个八拍的准备音乐,4拍(一、二、三、四)保持不动,4拍(五、六、七、八)下垂于身体一侧的手臂向上抬起至头部的上方并贴于耳旁(图1-23)。

②动作过程

在准备动作结束后,依次完成4个八拍"拉伸胸腰"的动作过程。

第1个八拍,4拍(一、二、三、四)手臂带动头部、颈部依次向下,同时胸腰向前顶出(图1-24);4拍(五、六、七、八)胸腰、颈部、头部依次向上,回至准备位置。

图1-23　　　　　图1-24

第2个八拍的动作与第1个八拍的动作一致。

第3个八拍的前4拍再一次完成"拉伸胸腰"的动作后,控制1个八拍。

第4个八拍的后4拍回至准备位置。

③结束动作

在做完"拉伸胸腰"的动作并回至准备位置后,给4拍(五、六、七、八)的结束音乐,手臂落回于身体的一侧,训练结束。

在完成训练后,从把杆的内侧转身,完成反面动作。

④音乐伴奏

音乐的节拍:2/4。

胸腰的开度训练音乐伴奏及曲谱[①]

---

① 杨洪涛.芭蕾舞基本功训练钢琴伴奏曲选[M].北京:高等教育出版社,2004:50.

音乐的时长：5个半八拍。其中，准备动作1个八拍；动作过程4个八拍；结束动作4拍。

3. 胯部的开度训练

（1）内在元素

在做"地面压胯"的动作过程中感受胯部的柔韧性。

（2）具体要求

胯部的开度训练属于身体软开度训练的部分，通过"地面压胯"的训练方式和双人配合的形式，可以使髋关节得到充分的外开，从而为下一节"把杆训练"中的开胯动作做好前期的准备工作。

在做双人配合压胯的动作过程中，压胯者要根据对方身体的具体情况，做到均匀给力；被压者的呼吸要放松，切忌出现"憋气"的做法，同时还要配合压胯者向下的力量，使胯部向外侧打开。

（3）训练过程

①准备动作

身体坐于地板上准备。准备时双腿收回，脚掌相对，双手抱住脚部的前方，同时脚跟贴向身体（图1-25）。

②动作过程

在准备动作的基础上，通过腿部上下的颤动使膝盖贴于地板，训练胯部的柔韧性。

在动作的过程中也可以两人一组，用双手去下压膝盖，使膝盖贴于地板，以达到胯部的外开（图1-26）。

图1-25

图1-26

4. 腿部的开度训练

（1）内在元素

在做"把杆压腿"的动作过程中感受腿部的柔韧性。

（2）具体要求

在做"把杆压腿"的动作过程中：

首先，应保持身体各部位的正确姿态。后背直立，主力腿做到直膝绷腿，脚尖朝向身体的正前方。在"绷脚外旋压腿"时，动力腿应从胯根处开始外旋，直至脚尖，同时做到直膝绷腿；在"勾脚放正压腿"时，动力腿应做到完全在把杆之上放正，脚部完全向上勾回，同时也要做到直膝绷腿。

其次，在准备姿态到位后，应保持上身直立、挺拔的状态，以胸部为动力点逐步向前延伸。向前延伸时，先将腹部贴于大腿面上；进而上身不断地向前，直至整个上身平铺于腿部；最后，用下颌去找寻找脚腕。

对于播音与主持艺术专业的学生来说，应根据自身的实际情况灵活地调整动作幅度，在动作规范的基础上更侧重于内在感受，而非一味地强调动作的幅度。

（3）训练过程

①准备动作

在身体保持直立的状态下，面向把杆站立。准备时，一条腿放在把杆上（放在把杆上的腿称为动力腿，后同），另一条腿支撑身体（支撑身体的腿称为主力腿，后同）；双手交叉叠放在大腿面上，给4拍（五、六、七、八）的准备音乐（图1-27）。

②动作过程

在准备动作结束后完成4个八拍"绷脚外旋压腿"的动作过程：

第1至第2个八拍，4拍下压，4拍抬起。

第3个八拍，2拍下压，2拍抬起。

第4个八拍，下压控制（图1-28）。

图1-27

图1-28

③结束动作

在腿部下压控制的基础上,给1个八拍的结束音乐,4拍(一、二、三、四)身体向上抬起,回至直立的状态;4拍(五、六、七、八)动力腿从把杆上落下,回至准备姿态,训练结束。

在训练结束后,可以换另外一条腿进行练习。

在两条腿依次完成"绷脚外旋压腿"的训练后,可以进行"勾脚放正压腿"的训练(图1-29)。

④音乐伴奏

音乐的节拍:4/4。

音乐的时长:5个半八拍。其中,准备动作4拍;动作过程4个八拍;结束动作1个八拍。

5. 脚部的开度训练

(1)内在元素

在做动作的过程中感受脚部的柔韧性。

图1-29

腿部的开度训练音乐伴奏及曲谱[①]

(2)具体要求

在做"压脚背"的动作过程中,首先,应保持身体的直立状态;其次,要保持动力腿胯部的外旋;再次,用主力腿膝盖的弯曲带动动力腿脚背的受力;最后,在做动作的过程中还要保持后背的直立状态。简言之就是,"身体要直立""胯部要外旋""屈膝带受力""后背也直立"。

(3)训练过程

①准备动作

在身体保持直立的状态下,双脚并拢,面向把杆站立。准备时,动力腿屈膝开胯,两脚的脚背相贴,给4拍(五、六、七、八)的准备音乐(图1-30)。

②动作过程

在准备动作结束后完成4个八拍"压脚背"的动作过程:

第1至第2个八拍,4拍下压,4拍抬起。

第3个八拍,2拍下压,2拍抬起。

第4个八拍,下压控制(图1-31)。

---

① 杨洪涛. 芭蕾舞基本功训练钢琴伴奏曲选[M]. 北京:高等教育出版社,2004:18.

图1-30　　　　　图1-31

③结束动作

在腿部下压控制的基础上,给1个八拍的结束音乐,4拍(一、二、三、四)主力腿向上伸直,回至直立的状态;4拍(五、六、七、八)动力脚伸直的同时收回至双腿直立、双脚并拢的准备位置,训练结束。

在训练结束后,进行反面动作的练习。

④音乐伴奏

音乐的节拍:4/4。

音乐的时长:5个半八拍。其中,准备动作4拍;动作过程4个八拍;结束动作1个八拍。

脚部的开度训练音乐伴奏及曲谱①

(三)身体肌肉素质的训练

1. 腰、背肌素质训练

(1)内在元素

在做动作的过程中感受腰部和背部的拉伸并训练肌肉素质。

(2)具体要求及训练过程

该动作由双人配合完成,准备时:

一人趴在地板上,使身体完全着地,双手交叉抱臂,放于头部的后方;另一人的臀部坐于动作完成者的脚腕后方,注意不要压得太死,使动作完成者的下身处于相对固定的状态,以便其更充分地完成训练动作。

在准备动作就位后,动作完成者向上抬起上身,在抬起的过程中使腰、背部的

---

① 林龙.中国古典舞基训钢琴伴奏曲选[M].上海:上海音乐出版社,2010:13.

肌肉得到最大限度的拉伸；然后，保持身体的控制向下落回至准备位置，从而顺利地完成一次训练动作（图1-32）。

在训练中，应根据学生自身的实际情况适度安排训练动作的数量，一般以15—20次为宜，并采取循序渐进的训练方式。

图1-32

2. 腹、背肌素质训练

（1）内在元素

在做动作的过程中感受腹部和背部的拉伸并训练肌肉素质。

（2）具体要求及训练过程

该动作由双人配合完成，准备时：

一人屈腿坐于地板上，双腿并拢，双手交叉抱臂，放于头部的后方；另一人的臀部坐在动作完成者的脚背上方，使动作完成者的下身处于相对固定的状态，以便其更充分地完成训练动作。

在准备动作就位后，动作完成者后背向下，使上身躺在地板上；然后向上抬起上身，在抬起的过程中保持后背的直立，以胸部为延伸点向上抬起至45度，使腹部和背部的肌肉得到最大限度的拉伸；接着保持上身的控制向下落回至准备位置，从而顺利地完成一次训练动作（图1-33）。

在训练中，应根据学生自身的实际情况适度安排训练动作的数量，一般以20—30次为宜，并采取循序渐进的训练方式。

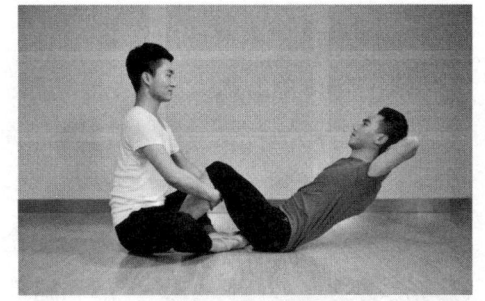

图1-33

说明：在腹、背肌素质训练中，要区别于一般的仰卧起坐，仰卧起坐是"依靠腹背肌肉的收缩力量，带动身体进行上下起落的过程"[1]，而腹、背肌素质训练，则是依靠胸部的延伸和上身的控制来训练肌肉的素质。

3. 腿部肌肉素质训练

（1）内在元素

在做动作的过程中感受腿部的拉伸并训练肌肉素质。

---

[1] 王伟. 中国古典舞基本功训练教程[M]. 北京：高等教育出版社，2004：58.

（2）具体要求及训练过程

该动作由单人独立完成，准备时：

身体平躺在地板上，双臂顺着肩部水平打开到身体两侧；保持呼吸顺畅的同时，整个身体完全贴在地板上；双腿并拢，直膝绷腿。

在准备动作就位后，以脚背为动力，双腿向上延伸并抬起至正上方，此时双腿与上身呈90度；然后保持腿部的控制向下落回至准备位置，从而顺利地完成一次训练动作（图1-34）。

在训练中，应根据学生自身的实际情况适度安排训练动作的数量，一般以15—20次为宜，并采取循序渐进的训练方式。

图1-34

说明：腿部肌肉素质的训练为下一章节中的"抬腿延伸"做好铺垫和准备。

4. 整体肌肉素质训练

（1）内在元素

在做动作的过程中感受身体整体的拉伸并训练肌肉素质。

（2）具体要求及训练过程

该动作由单人独立完成，准备时：

身体背向把杆站立，然后，身体向下形成"俯卧撑"的准备姿态；接着，双腿依次向上抬起并搭在把杆上，双臂将整个身体向上撑起（图1-35）。注意：身体的力量不要完全集中在手掌或手臂上，而应靠腹部、背部、臀部和腿部共同控制，进行身体整体肌肉素质的练习。

准备动作就位后，在保持身体正确姿态的基础上，女生可以进行一定时间的控制；男生则在控制的基础上完成一定数量的俯卧撑动作。注意：在动作控制的过程中，切忌出现"塌腰撅臀"的错误做法。

在训练中，应根据学生自身的实际情况适度安排训练动作控制的时间，一般以1分钟为宜，并采取循序渐进的训练方式。

图1-35

第二节 把杆站位与训练

把杆训练作为舞蹈基础训练的一部分，对于舞者和主持人都有着重要的作用。对于舞者来说，把杆训练是对人的骨骼、肌肉、韧带等复杂身体结构进行严格的规范训练的开始，在训练过程中，形成身体基本动作意识形态，能够自如地掌控身体的各个关节，使整个身体处于无休止的多变形态之中；对于主持人来说，把杆训练可以纠正不正确的身体姿态，塑造出优美的形体，从而增强肢体的感受力，培养出一种由内而外的高雅气质。

同时，我们也要清楚把杆训练对于舞者和主持人的差异要求。对于舞者来说，"把杆训练主要解决躯干的直立、重心稳定的问题，进一步加强腿脚的外开及肌肉控制能力"[1]，它"以解决重心为关键，柔韧性为基础，力量训练为核心，再配合上灵活性和协调能力训练，可以有效地提高舞者的身体素质及表现能力"[2]。对于主持人来说，由于缺乏一定的舞蹈基础，如果完全按照训练舞者的要求来训练主持人显然是不科学的。因此，把杆训练主要帮助学生克服体态上的弊病，比如，身体不正、弓背含胸、端肩缩脖等问题，在进行动作规范训练的过程中，重在加强内在感受力的培养，以"直立""延伸""柔韧""协调"四大元素为训练核心，通过严格、规范的训练，塑造出优美的形体，从而为第二部分体态元素强化训练奠定良好的形体基础。

一、本节的训练目的

通过本节的把杆站位与训练可以克服学生体态的弊病、塑造出优美的形体；并能增强内心的感受、建立内在的自信，从而在训练的过程中培养出一种由内而外的高雅气质。

二、本节的训练特点

第一，以芭蕾基本功训练为基础。
第二，以动作组合为训练形式。
第三，以钢琴伴奏为训练音乐。

---

[1] 田培培.形体训练与舞蹈编导基础[M].上海：上海音乐出版社，2008：105.
[2] 乔娇.浅析舞蹈基本功把杆训练的目的及作用[J].青年文学家，2011(19)：114.

第四，每一部分的动作组合环环相扣，前一个组合是后一个组合训练的基础，后一个组合是前一个组合训练的延续，七个部分的训练内容有机地形成一个整体，共同构成本节的训练内容。

第五，每一部分的动作组合从训练目的、内在元素、具体要求、训练过程四个方面展开。其中，训练目的是训练的意义和价值；内在元素是内在感受的体现；具体要求是在动作组合完成的过程中需要做到的具体的要求；训练过程结合音乐伴奏展开进行，由于受到训练过程动态的特点和文字表述的局限，在对其进行详细描述和记录的同时也会使用图片、二维码等进行补充说明。

第六，对于播音与主持艺术专业的学生来说，因为他们不具备专业舞蹈的训练功底，所以在训练的难度、力度和强度上相对于舞蹈专业学生的训练要有所减弱。虽然组合的难度有所降低，但在具体的要求上同样要严格、规范，重在增强他们对内在元素的感受。

三、本节的训练内容

本节包括七个部分的内容，分别是：双手扶把站位、单手扶把擦地、单手扶把蹲、单手扶把小踢腿、单手扶把画圈、单手扶把小弹腿和单手扶把单腿蹲。

（一）双手扶把站位

1. 训练目的

通过站位的训练使躯干保持直立，重心得以稳定，进而为之后的扶把组合训练奠定坚实的基础。

对于主持人来说，站位的训练能使其具备规范的站姿体态，也为进一步的体态元素强化训练打下良好的基础。

2. 内在元素

在站位的过程中感受身体的直立与延伸。

3. 具体要求

（1）站位时身体的局部要求

双脚扎稳，直膝绷腿，提臀收腹，拔背立腰，抬头挺胸，气息下沉，立颈含颔，头部摆正，面部自然，目视前方。

（2）站位时内在元素的体现

在做到身体的局部要求后，也就达到了身体直立的要求。在直立的基础上还要能感受到一种不断向上延伸的力量。这种力量从脚下开始，到脚跟、两腿之间，再到尾椎、腰椎、胸椎、颈椎及头顶，进而冲破头顶的天花板，无限向上延伸，就像用一根"线"把整个人抻起来一样，在抻起的过程中无限向上拉长。

4. 训练过程

（1）准备动作

身体面向把杆站立并与把杆间隔两至三拳的距离；

双手打开，保持与肩同宽的距离，轻轻地搭在把杆上，双臂保持自然下垂，既不要向外翘起，也不要向里夹住身体；

双脚的脚跟靠拢，脚掌向外打开，站成八字步并扎实有力地踩在地板上；

双腿伸直、夹紧并保持肌肉的紧绷状态，做到直膝绷腿；

臀部收紧、上提的同时腹部收回，做到提臀收腹；

腰部立起的同时，也要保持整个后背脊柱的直立，肩胛骨下挂，后背舒展地打开并向上拔起，做到拔背立腰；

胸部挺起时不要憋气，做到呼吸放松、气沉丹田，同时抬起头部，做到抬头挺胸；

双肩放松打开的同时颈部向上立起，在立起的过程中要注意下颌内含，做到立颈含颌；

整个头部摆正的同时，要做到面部表情自然、放松，双眼平视前方。

（2）动作过程

在准备动作完成后，授课教师播放一首舒缓的音乐。在感受音乐的过程中，保持身体各部位的正确姿态并充分感受直立、延伸的内在元素。

（3）结束动作

在音乐结束后，还要继续保持身体延伸的状态以及各部位的正确姿态，当老师给出"放松"的指令后，学生方可放松身体。谨记：音乐的结束不是动作的松懈，而是状态的保持和延伸的继续。

（4）音乐伴奏

音乐的节拍：4/4。

双手扶把站位音乐伴奏及曲谱[①]

---

① 杨洪涛. 芭蕾舞基本功训练钢琴伴奏曲选[M]. 北京：高等教育出版社，2004：4.

音乐的时长：17个八拍。其中，准备动作1个八拍；动作过程16个八拍。

（二）单手扶把擦地

1. 训练目的

擦地是芭蕾基本功训练的基础与延伸，正确地学习与掌握擦地的规范性做法，可以为其他动作的学习打下良好基础。

对于舞者来说，擦地主要训练脚趾、脚掌、脚弓、脚腕、跟腱等部位的关节、韧带和肌肉的柔韧性与灵活性，同时锻炼人体的垂直站立、稳定性、后背的控制能力等，是腿部的肌肉群得到延伸与外开的锻炼。

对于主持人来说，擦地训练可以充分地使人感受身体各部位的延伸，尤其是通过建立腿部的向外延伸意识和后背的向上挺拔意识，使整个身体散发出一种由内而外的高雅气质。

2. 内在元素

在做动作的过程中感受身体的整体延伸。

3. 具体要求

（1）擦地时身体的局部要求

擦地过程中身体垂直站立，身体的重量平均分配在双脚上，当动力脚向外擦出时，身体的重心微微移至主力腿。

动力腿伸直，保持外开的形态，脚掌紧贴地面向外擦出，脚跟先离开地面，然后脚弓、脚掌依次离开地面，最后脚尖点地。

脚尖向外擦出的距离是在两胯保持稳定、水平、不移动的情况下所能达到的最远点。

动力脚向主力腿收回的路线与过程按照擦出时各部位的运动顺序依次反过来进行，最后将脚收回至动作的准备位置。

（2）擦地时带动点的要求

在芭蕾一位脚站位要求的基础上做擦地运动（播音与主持艺术专业的学生由于大多会受到软开度和柔韧性因素的限制，也可以站成大八字步）：

前擦时，以脚跟为动力点擦出，将脚尖留住，保持脚与腿部的外开形态，擦出至正前方的最远点，这时动力脚的脚尖与主力脚的脚跟最外侧呈垂直线

（两点一线）；收回时，以大腿内侧肌肉为动力点夹回，脚跟留住，将脚收回至准备位置。

旁擦时，脚跟向旁顶，以脚尖为动力点擦出，保持脚与腿部的外开，擦出至正旁的最远点，这时动力脚和主力脚在平行的"一字"线上；收回时，以脚跟或大腿内侧肌肉为动力点收回至准备位置。

后擦时，以脚尖为动力点擦出，将脚跟留住，保持脚与腿部的外开，擦出至正后方的最远点，这时动力脚尖与主力脚跟最外侧成垂直线；收回时，以脚跟为动力点收回，脚尖留住，将脚收回至准备位置。

（3）擦地时延伸点的体现

擦地时要注意身体的四个延伸点：一是后背向上的无限延伸；二是手指尖向外的无限延伸；三是脚趾尖向外的无限延伸；四是眼睛向前的无限延伸。

（4）擦地时身体状态的控制

在擦地的过程中要保持状态的积极，做到"松紧结合"。所谓"松"，指的是在肌肉收紧的过程中面部表情和呼吸要放松，切忌"提气"或"憋气"的做法；所谓"紧"，指的是身体的肌肉要收紧，从站位到做动作的过程中，再到动作结束后，肌肉都要保持紧致的状态。同时，还要注意保持身体的直立以及七位手的控制。播音与主持艺术专业的学生由于缺乏专业舞蹈的训练功底，在训练中会自觉或不自觉地出现"偷懒"的情况。比如肌肉松懈，或者在过度用力的情况下出现"塌腰撅臀"的做法，再或者在缺乏控制意识的情况下出现主力腿（支撑腿）弯曲的做法，这些错误做法都需要避免。

（5）动作结束时呼吸的要求

结束动作时，七位手经过"呼吸"做出一个向远延伸的动作后收回。在做手臂呼吸动作时，首先，应以大臂为动力带动小臂并延伸至手指尖；其次，手臂的延伸是一个向远的意识，而非向上抬起；最后，还要注意手臂的呼吸动作是用内在的生理呼吸带动的，所以不要出现憋气的做法。

4. 训练过程

（1）准备动作

一只手扶把，另一只手形成芭蕾的一位手，在芭蕾一位脚（也可以站成大八字步）站位的基础上用1个八拍准备，准备时，眼睛平视身体的正前方（图1-36）。4拍（一、二、三、四）身体保持不动；2拍（五、六）手从一位打开到二位；1拍（七），眼随手动,二位手打开到七位手,眼睛看手的方向;1拍(八),眼睛回正,看正前方,整个过程要注意动作的连贯性(图1-37)。

图1-36　　　　　　图1-37

(2)动作过程

在准备动作结束后,动力脚依次完成"向前、向旁、向后、再向旁"的擦地过程:

向前擦地时,4拍擦出,4拍收回,做两次,共计2个八拍,在第二次向前擦地收回时,形成前五位脚(图1-38、图1-39)。

图1-38　　　　　　图1-39

向旁擦地时,4拍擦出,4拍收回,做两次,共计2个八拍(图1-40、图1-41)。

图1-40　　　　　　图1-41

向后擦地时,4拍擦出,4拍收回,做两次,共计2个八拍(图1-42、图1-43)。

图1-42　　　　　　图1-43

再次向旁擦地时,4拍擦出,4拍收回,做两次,共计2个八拍。

(3)结束动作

最后一次旁擦收回后,给4拍结束的音乐,2拍(五、六)进行手臂的呼吸,2拍(七、八)经过一个半蹲的动作,收回至准备位置,眼睛看把杆外斜上方结束(图1-44至图1-46)。

图1-44　　　　　　　图1-45　　　　　　　图1-46

单手扶把擦地音乐伴奏及曲谱[①]

（4）音乐伴奏

音乐的节拍：4/4。

音乐的时长：9个半八拍。其中，准备动作1个八拍；动作过程8个八拍；结束动作4拍。

（三）单手扶把蹲

1. 训练目的

半蹲与全蹲的训练是一切基本技术动作训练的基础，贯穿于一系列基本动作之中，为其他带有蹲性质的动作以及跳跃动作做好能力与方法上的准备。

对于舞者来说，主要训练腿部肌肉的能力和后背的控制能力，训练跟腱、膝关节、髋关节等部位的柔韧性和灵活性，促进整个身体的平衡与各部位能力的增长，为更好地完成其他技术动作打下良好的基础。

对于主持人来说，通过半蹲与全蹲的训练可以充分地感受身体各部位的柔韧性；在蹲起时形成的作用力和反作用力中增强后背的延伸意识；同时，在手臂的呼吸动作与蹲起动作的配合中又可以增强身体的协调性。

2. 内在元素

在做动作的过程中感受身体的柔韧与协调。

---

① 林龙.中国古典舞基训钢琴伴奏曲选［M］.上海：上海音乐出版社，2010：6.

3. 具体要求

（1）动作分类要知晓

单手扶把蹲有半蹲（浅蹲）和全蹲（深蹲）两种，根据脚位的不同变化形成了一位、二位、五位和四位的半蹲与全蹲。

在下蹲的过程中要始终保持身体的平稳和后背的垂直，脚掌平铺地面，不要向前或向后倒脚。其中，所有的脚位做半蹲时，脚跟都不能离开地面；做全蹲时，脚跟被迫抬起，而不要主动推起。尤为值得注意的是，二位脚做全蹲时不要抬起脚跟。

（2）上身体态要塑造

身体在下蹲时，在尾椎向下与后背向上的对抗过程中形成了一组作用力与反作用力，在这组对抗的力量中可以增强上身的挺拔感；起身时，在身体向上与肩部打开、放松向下的对抗过程中同样形成了一组作用力与反作用力，在这组对抗的力量中可以增强上身的舒展度。对这两组作用力和反作用力感受得越充分，越会使后背及整个上身得到良好的塑造。

（3）双腿开度要适度

蹲的时候，双腿的标准外开度是180度，脚尖、膝盖、胯、肩在一个平面上。由于播音与主持艺术专业的学生大多会受到软开度和柔韧性因素的限制，所以在训练中要根据每个学生的具体情况，在不影响身体垂直与保持脚的正确站立的前提下做到双腿的最大外开度。

（4）身体柔韧要感受

蹲起的过程中，由膝盖控制下肢的屈伸，在屈伸的过程中要充分感受髋部、膝盖、脚踝和脚掌以及整个腿部肌肉的柔韧性。

（5）身体协调要做到

蹲起过程中，动作的协调性体现在两个方面：一是动作过程中下蹲和伸直腿的速度要平均，做到蹲起的动作节奏与心理节奏以及音乐节奏的协调；二是蹲起动作与手臂呼吸动作的协调。在训练的过程中要对这两种协调性进行充分的把握。

（6）"三点一线"要体现

在整个蹲起的过程中，颈椎（后背）、尾椎（臀部）、脚跟三点要保持在一条直线上。做到"三点一线"后，方可保持身体的直立状态，也可有效地杜绝"身体不正"或"塌腰撅臀"等问题。

（7）手臂呼吸要准确

蹲的时候，要注意对呼吸的运用，把握好呼吸，动作才会更加流畅和舒展。一般来说，开始之前先吸气，在下蹲的过程中缓慢地呼气，随着腿部的逐渐伸直再吸气。

在单手扶把蹲的训练中，手臂的呼吸动作从准备动作完成后即贯穿整个蹲起的全过程。首先要注意，在下蹲时，无论是半蹲还是全蹲，在下蹲前都要先进行手臂的呼吸再做下蹲的动作；其次要注意，手臂的呼吸动作应以大臂为动力带动小臂并延伸至手指尖；再次要注意，手臂的延伸是一个向远的延伸意识，而非向上抬起；最后还要注意，手臂的呼吸动作应与下蹲动作协调一致。尤为值得一提的是，在手臂做呼吸动作时，要做到眼随手动。

4. 训练过程

（1）准备动作

与单手扶把擦地的准备动作一样，都是一只手扶把，另一只手形成芭蕾的一位手，在芭蕾一位脚（也可以站成大八字步）站位的基础上用4拍准备，准备时，眼睛平视身体的正前方。2拍（五××、六××）身体保持不动；1拍（七××）手从一位打开到二位；1拍（八××）眼随手动，二位手打开到七位手，眼睛看手的方向；到位后眼睛回正，看正前方，整个过程要注意动作的连贯性。

（2）动作过程

在准备动作结束后依次完成一位、二位、五位和四位的半蹲与全蹲动作：

先做一位的半蹲与全蹲，一共2个八拍。半蹲做两次，每次4拍，2拍半蹲，2拍起，共计1个八拍；全蹲做一次，4拍全蹲，4拍起，共计1个八拍。在一位半蹲与全蹲的过程中，手臂都要先经过呼吸从七位到一位再到二位，最后打开到七位；同时还要注意手臂的呼吸动作与蹲起动作的配合（图1-47、图1-48）。

图1-47

图1-48

接下来，给4拍"过门"音乐，动力腿的脚尖2拍向旁擦出，2拍落脚移动重心至两腿之间，形成二位脚（图1-49、图1-50）。

图1-49　　　　　　图1-50

再做二位的半蹲与全蹲，一共2个八拍。半蹲做两次，每次4拍，2拍半蹲，2拍起，共计1个八拍；全蹲做一次，4拍全蹲，4拍起，共计1个八拍。在二位半蹲与全蹲的过程中，手臂同样要先经过呼吸从七位到一位再到二位，最后打开到七位（图1-51、图1-52）。

图1-51　　　　　　图1-52

接下来，再给4拍"过门"音乐，2拍向上推起动力腿的脚跟至脚尖，同时移动重心至主力腿，2拍擦地收回，形成前五位脚（图1-53、图1-54）。

 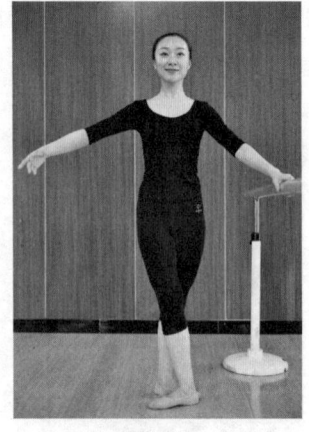

图1-53　　　　　　　　图1-54

再做五位的半蹲与全蹲，一共2个八拍。半蹲做两次，每次4拍，2拍半蹲，2拍起，共计1个八拍；全蹲做一次，4拍全蹲，4拍起，共计1个八拍。在五位半蹲与全蹲的过程中，手臂同样要先经过呼吸从七位到一位再到二位，最后打开到七位（图1-55、图1-56）。

图1-55　　　　　　　　图1-56

接下来，再给4拍"过门"音乐，动力腿的脚尖2拍向前擦出，2拍落脚移动重心至两腿之间，形成四位脚（图1-57、图1-58）。

最后做四位的半蹲与全蹲，一共2个八拍。半蹲做两次，每次4拍，2拍半蹲，2拍起，共计1个八拍；全蹲做一次，4拍全蹲，4拍起，共计1个八拍。在四位半蹲与全蹲的过程中，手臂同样要先经过呼吸从七位到一位再到二位，最后打开到七位（图1-59、图1-60）。

图1-57

图1-58

图1-59

图1-60

（3）结束动作

四位的全蹲动作完成后，给1个八拍结束的音乐，2拍（一××、二××）推动力腿的脚跟至脚尖，同时移动重心至主力腿；2拍（三××、四××）擦地收回，回到准备时的一位脚；2拍（五××、六××）进行手臂的呼吸，2拍（七××、八××）经过一位的半蹲动作，回到准备位置，眼睛看把杆外斜上方结束。

说明：根据学生的实际情况适度安排训练，既可依次完成一位、二位、五位和四位的半蹲与全蹲动作，也可只完成一位和二位的半蹲与全蹲动作。

（4）音乐伴奏

音乐的节拍：3/4。

音乐的时长：11个八拍。其中，准备动作4拍；动作过程9个半八拍（包括三次4

单手扶把蹲音乐伴奏及曲谱[①]

---

① 杨洪涛.芭蕾舞基本功训练钢琴伴奏曲选[M].北京：高等教育出版社，2004：8.

拍的"过门");结束动作1个八拍。

二维码中有两段音乐伴奏,其中,单手扶把蹲音乐伴奏1,适用于一、二、五、四位脚;单手扶把蹲音乐伴奏2适用于一、二位脚。

(四)单手扶把小踢腿

1. 训练目的

小踢腿的动作是动力脚通过擦地快速向外踢出呈现的。通过训练,可以增强腿部的力量,提高灵活性,为大幅度的踢腿动作以及大跳的脚步抛出打下坚实的基础。

对于主持人来说,在小踢腿的过程中更多的是要感受一种肢体的爆发力。这种肢体动作的爆发等同于有声语言的爆发,都需要经过一定的前期铺垫和力量的积蓄,在内在情感的催化作用下进行爆发。

2. 内在元素

在做动作的过程中感受身体内在的爆发力。

3. 具体要求

(1)动作分类要知晓

单手扶把小踢腿是在擦地的基础上做出的一个腿部和脚部的爆发动作,根据时间、速度和力度的不同,分为经过"明显擦地"和经过"不明显擦地"两种小踢腿。

经过"明显擦地"小踢腿是指,在小踢腿动作完成之前,首先经过一个推脚背至脚尖的擦地动作,擦地到位后,找到脚尖"抓地"的感觉,向外有爆发力地踢出;而经过"不明显擦地"小踢腿是指,在芭蕾一位脚站位的基础上,用一拍的节奏,直接向外踢出、到位,整个过程虽然速度快,力度也有所增强,但还是会经过擦地的动作,只是擦地的过程不像前一种小踢腿那样明显。

(2)动作过程要明朗

经过"明显擦地"小踢腿的过程由五个步骤构成,即擦地、踢出、控制、点地、收回。具体来说:

首先,是擦地的动作。擦地的过程既是一个感受整个身体延伸的过程,也是一个积蓄能量的过程。

其次，擦地到位后，做小踢腿动作。小踢腿的过程也是一个向外踢出的过程，在离开地板的一瞬间，腿部肌肉和脚背要再一次紧绷，同时找到脚尖"抓地"的感觉，向外踢出。向外踢出后，要能够控制住腿部肌肉，停顿在一个控制点上。小踢腿踢出后，动力脚离地约10—15厘米，动力腿与主力腿保持的角度约为25度。

再次，在感受腿部的延伸过程中轻轻点地，回到擦地到外的动作。在整个过程中，需要加强身体尤其是腿部的控制意识，如果缺乏一定的控制意识，就会出现"砸地"的错误做法。

最后，再经过擦地的动作收回至准备位置。

经过"不明显擦地"小踢腿的过程同样由五个步骤构成，只是在开始的第一步，不再突出擦地的过程，而是一带而过，直接到达小踢腿踢出的位置，其他四个步骤等同于前一种小踢腿的做法。

（3）其他要求要体现

在小踢腿的过程中，由于没有手臂动作与腿部动作配合的体现，所以在动作的过程中还要控制住打开的七位手，既不可僵直，也不能松懈；整个小踢腿的过程，是在直膝的要求下完成的，所以无论是主力腿，还是动力腿都不能在过程中弯曲，否则就会失去训练的意义；在结束动作时还要注意手臂呼吸要求的体现。

4. 训练过程

（1）准备动作

与单手扶把擦地的准备动作一样，都是一只手扶把，另一只手形成芭蕾的一位手，在芭蕾一位脚（也可以站成大八字步）站位的基础上用1个八拍准备，准备时眼睛平视身体的正前方。4拍（一、二、三、四）身体保持不动；2拍（五、六）手从一位打开到二位；1拍（七）眼随手动，二位手打开到七位手，眼睛看手的方向；1拍（八）眼睛回正，看正前方，整个过程要注意动作的连贯性。

（2）动作过程

在准备动作结束后依次完成"向前、向旁、向后、再向旁"的两种小踢腿动作：

向前小踢腿时，用时2个八拍。先做经过"明显擦地"的小踢腿动作，2拍（一、二）向前擦出，1拍（三）踢出，1拍（四）控制，2拍（五、六）点地，2拍（七、八）收回（图1-61至图1-65）。

图1-61　　　　　　图1-62

图1-63　　　　　　图1-64　　　　　　图1-65

再做经过"不明显擦地"的小踢腿动作，1拍（二）直接向前踢出，3拍（二、三、四）控制，2拍（五、六）点地，2拍（七、八）收回（图1-66至图1-69）。

图1-66　　　　　　图1-67

 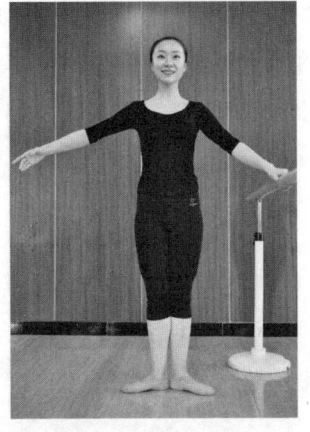

图1-68　　　　　　　图1-69

向旁小踢腿时,用时2个八拍。先做经过"明显擦地"的小踢腿动作,2拍(一、二)向旁擦出,1拍(三)踢出,1拍(四)控制,2拍(五、六)点地,2拍(七、八)收回(图1-70至图1-74)。

图1-70　　　　　　　图1-71

图1-72　　　　　　图1-73　　　　　　图1-74

再做经过"不明显擦地"的小踢腿动作,1拍(二)直接向旁踢出,3拍(二、三、四)控制,2拍(五、六)点地,2拍(七、八)收回(图1-75至图-78)。

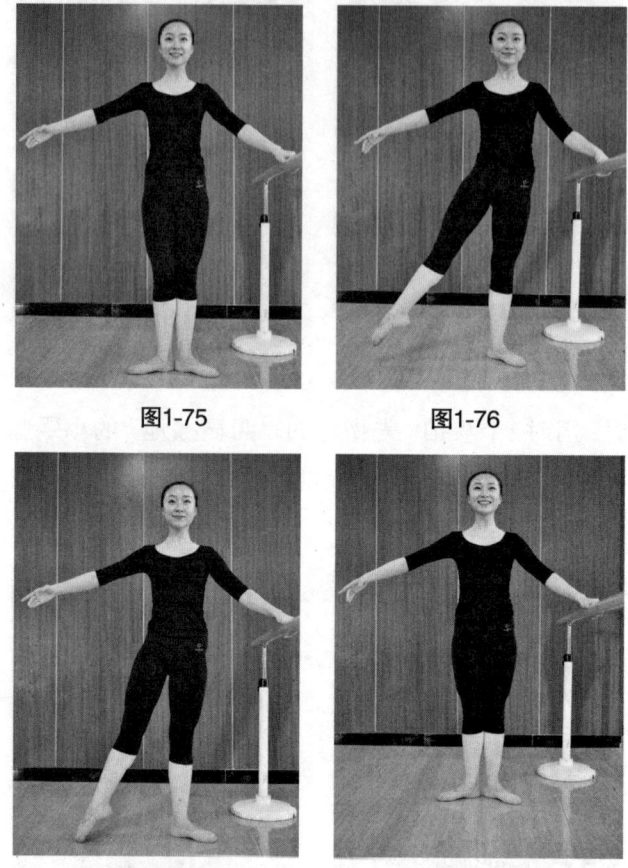

图1-75　　　　　图1-76

图1-77　　　　　图1-78

向后小踢腿时,用时2个八拍。先做经过"明显擦地"的小踢腿动作,2拍(一、二)向后擦出,1拍(三)踢出,1拍(四)控制,2拍(五、六)点地,2拍(七、八)收回(图1-79至图1-83)。

图1-79　　　　　图1-80

图1-81　　　　　　图1-82　　　　　　图1-83

再做经过"不明显擦地"的小踢腿动作,1拍(二)直接向后踢出,3拍(二、三、四)控制,2拍(五、六)点地,2拍(七、八)收回(图1-84至图1-87)。

图1-84　　　　　　图1-85

图1-86　　　　　　图1-87

完成向后小踢腿的动作后,再做一次向旁的小踢腿。与前一次向旁小踢腿的做法一样,用时2个八拍。同样是先做经过"明显擦地"的小踢腿动作,2拍(一、二)向旁擦出,1拍(三)踢出,1拍(四)控制,2拍(五、六)点地,2拍(七、八)收回;再做经过"不明显擦地"的小踢腿动作,1拍(二)直接向旁踢出,3拍(二、三、四)控制,2拍(五、六)点地,2拍(七、八)收回。

(3)结束动作

最后一次向旁小踢腿收回后,给1个八拍结束的音乐,4拍(一、二、三、四)身体保持不动,2拍(五、六)进行手臂的呼吸动作,2拍(七、八)经过一个半蹲的动作,收回至准备位置,眼睛看把杆外斜上方结束。

(4)音乐伴奏

音乐的节拍:2/4。

音乐的时长:10个八拍。其中,准备动作1个八拍;动作过程8个八拍;结束动作1个八拍。

单手扶把小踢腿音乐伴奏及曲谱①

(五)单手扶把画圈

1. 训练目的

画圈的动作主要是为了训练髋关节的开度、松弛和稳定性,锻炼腿和脚部的外开。通过脚尖在地面最大限度的画圈训练,使脚趾、脚弓、脚掌、脚背、脚腕的柔韧性和能力得到锻炼,为腿在地面与空中大幅度的画圈动作做好方法和能力上的准备,同时还能够增强腰背肌的控制能力。

对于主持人来说,画圈动作的训练,不仅可以增强身体的延伸意识,还能使髋关节和膝关节的柔韧性得到很好的训练。

2. 内在元素

在做动作的过程中感受身体的延伸与柔韧。

3. 具体要求

(1)动作分类要知晓

单手扶把画圈是在擦地的基础上完成的。在擦地的过程中,匀速且连贯地将前、旁、后三个空间连接起来。在整个过程中要保持主力腿重心的稳定,并完成动力腿髋关节的转动与环动。根据不同的训练目的,可以进行主力腿"直膝画圈"和

---

① 梁鹤. 中国古典舞基训钢琴伴奏曲集[M]. 长春:吉林音像出版社,2000:17.

"屈膝画圈"两种训练。

（2）"圆规画圆"

单手扶把画圈就好比用"圆规画圆"。主力腿就好比圆规支腿，主力脚就好比圆规尖，动力腿就好比笔体，动力脚的脚尖就好比笔尖，双脚打开的距离就好比圆的半径，画圈的过程就好比画圆的过程。同样画圈的要求也应像画圆的要求一样，具体如下：

首先，两胯平行，主力胯向上提起不要晃动，主力腿应保持重心的稳定，就像圆规的支腿在确定圆心后不能晃动一样。

其次，动力腿在画圈的过程中应以脚尖为动力点，就像用笔尖进行画圆一样，所以动力腿及脚尖在画圈过程中要做到绷直并保持外开，不能有任何的松懈，同时脚尖不要离开地面。

再次，用"圆规画圆"时，半径是不变的，所以在画圈的过程中，动力脚的脚尖从前到旁再到后都要画至所能达到的最远点，延伸到极致，保证两腿之间打开的距离始终相等。

最后，用"圆规画圆"时讲求匀速、饱满、一气呵成。在画圈的过程中，从前擦地开始，到旁，到后，再到擦地收回，整个过程要做到匀速、饱满，切忌出现停顿的做法。

（3）内在元素在动作中的体现

单手扶把画圈是在擦地的基础上完成的，首先完成向前的擦地动作，进而保持擦地的延伸意识，向旁、向后进行画圈，当画圈至身体的正后方时，再经过擦地动作收回至准备位置。因为擦地的过程是一个感受整个身体延伸的过程，所以在画圈的过程中也应当感受身体的整体延伸。

单手扶把画圈的动作过程是通过动力腿在髋关节上的转动和环动实现的，在转动和环动的过程中应保持动力腿腿部肌肉、膝盖及脚背的外旋，在外旋的过程中充分感受髋关节的柔韧性。

在主力腿"屈膝画圈"的过程中，首先，主力腿的弯曲与动力腿的前擦同时进行；其次，保持主力腿的屈膝状态，由动力腿画圈；最后，当画圈至身体的正后方时，经过擦地收回。在收回时，主力腿由屈膝变为直膝。在主力腿屈膝、直膝的过程中充分感受膝关节的柔韧性。

4. 训练过程

（1）准备动作

与单手扶把擦地的准备动作一样，都是一只手扶把，另一只手形成芭蕾的一位手，在芭蕾一位脚（也可以站成大八字步）站位的基础上用1个八拍准备，准备时，眼睛平视身体的正前方。4拍（一、二、三、四）身体保持不动；2拍（五、六）手从一位打开到二位；1拍（七）眼随手动，二位手打开到七位手，眼睛看手的方向；1拍（八）眼睛回正，看正前方，整个过程要注意动作的连贯性。

（2）动作过程

在准备动作结束后依次完成主力腿直膝前画圈、主力腿直膝后画圈、主力腿屈膝前画圈以及主力腿屈膝后画圈，具体如下：

主力腿直膝前画圈时，用时2个八拍。4拍（一、二、三、四）擦地到前，4拍（五、六、七、八）画圈到旁；4拍（二、二、三、四）再画圈到后，4拍（五、六、七、八）擦地收回（图1-88至图1-94）。

图1-88

图1-89

图1-90

图1-91

图1-92

图1-93

图1-94

主力腿直膝后画圈时，用时2个八拍。4拍（一、二、三、四）擦地到后，4拍（五、六、七、八）画圈到旁；4拍（二、二、三、四）再画圈到前，4拍（五、六、七、八）擦地收回（图1-95至图1-101）。

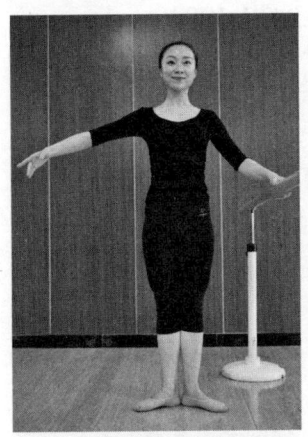
图1-95

图1-96

图1-97
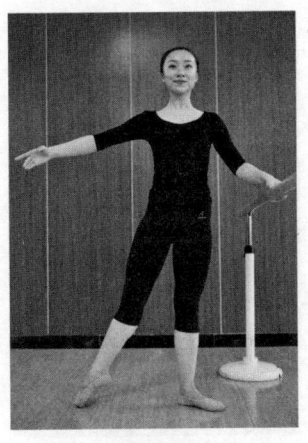
图1-98

图1-99　　　　　　　　图1-100　　　　　　　　图1-101

主力腿屈膝前画圈时，用时2个八拍。4拍（一、二、三、四）擦地到前，同时在前擦的过程中主力腿逐步弯曲；4拍（五、六、七、八）画圈到旁，同时保持主力腿的弯曲状态；4拍（二、二、三、四）再画圈到后；4拍（五、六、七、八）擦地收回，在擦地收回的过程中主力腿逐步伸直（图1-102至图1-108）。

 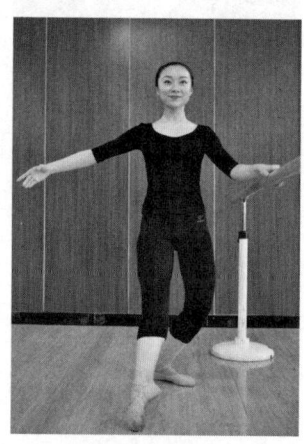

图1-102　　　　　　　　图1-103

图1-104　　　　　　　　图1-105

图1-106

图1-107

图1-108

主力腿屈膝后画圈时,用时2个八拍。4拍(一、二、三、四)擦地到后,同时在后擦的过程中主力腿逐步弯曲;4拍(五、六、七、八)画圈到旁,同时保持主力腿的弯曲状态;4拍(二、二、三、四)再画圈到前;4拍(五、六、七、八)擦地收回,在擦地收回的过程中主力腿逐步伸直(图1-109至图1-115)。

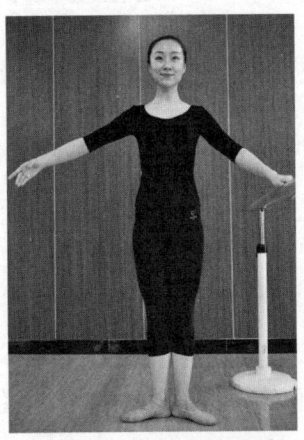
图1-109

图1-110

图1-111

图1-112

图1-113　　　　　　　图1-114　　　　　　　图1-115

（3）结束动作

在主力腿屈膝后画圈的最后4拍擦地收回后，再给1个八拍的结束音乐，4拍（一、二、三、四）身体保持不动，2拍（五、六）进行手臂的呼吸动作，2拍（七、八）经过一个半蹲的动作，收回至准备位置，眼睛看把杆外斜上方结束。

（4）音乐伴奏

音乐的节拍：4/4。

音乐的时长：10个八拍。其中，准备动作1个八拍，动作过程8个八拍，结束动作1个八拍。

单手扶把画圈音乐伴奏及曲谱[①]

（六）单手扶把小弹腿

1. 训练目的

小弹腿主要锻炼小腿与脚部的灵活性和敏捷度。对于舞者来说，通过力度和速度的训练，可加强腿部的整体外开性和肌肉能力，为以后小腿快速运动及小跳性质的动作打下基础。

对于主持人来说，在小弹腿的训练中无须做过于复杂多变的动作，只需要从动力腿的屈膝准备到向外弹出即可，最多也只是发生节奏的变化。

动力腿的屈伸可以使膝关节以及脚腕的柔韧性得到训练。同时，向前的小弹腿到向旁再到向后的小弹腿过程是在髋关节的转动与环动中完成的，这也就训练了髋关节的柔韧性；在小弹腿向外弹出时，要注意速度和力度的体现，在速度与力度

---

① 杨洪涛.芭蕾舞基本功训练钢琴伴奏曲选[M].北京：高等教育出版社，2004：53.

中加强内在的爆发力；当小弹腿向外弹出后，整个腿部处于直膝绷腿的状态，在这个状态中又可以训练身体的延伸意识。

2. 内在元素

在做动作的过程中感受身体的柔韧、延伸与内在的爆发力。

3. 具体要求

（1）准备动作要连贯

单手扶把小弹腿的准备动作与前几个扶把组合有所不同，在准备拍的最后2拍，动力腿经过一个向旁的擦地动作收回至主力腿的踝关节处，其脚趾吸附于踝关节位置上，胯部外开，膝盖正对旁边，髋关节固定住。在这个过程中，既要注意动作的速度和力度，也要注意动作的连贯性。

（2）动作过程要控制

单手扶把小弹腿的动作过程就是在保持主力腿直立的状态下进行动力腿的弹出与收回。首先，应该控制住主力腿，保持身体重心的稳定；其次，弹出时，要有速度和力度，并在速度与力度中感受内在的爆发力；最后，弹出后，动力脚离地约10—15厘米，动力腿与主力腿保持的角度约为25度，同时还要控制住动力腿，保持腿部直膝绷腿的状态并感受身体的延伸意识。在整个弹出与收回的过程中，要能控制住动力腿的膝关节，并使其做到灵活自如。

（3）其他要求要做到

在小弹腿的过程中，由于没有体现手臂动作与腿部动作的配合，所以在此过程中还要注意控制住打开的七位手，既不可僵直，也不能松懈。在结束动作时也要注意体现手臂呼吸的要求。

4. 训练过程

（1）准备动作

单手扶把，另一只手形成芭蕾的一位手，在芭蕾一位脚（也可以站成大八字步）站位的基础上用1个八拍准备，准备时，眼睛平视身体的正前方。4拍（一、二、三、四）身体保持不动；2拍（五、六）手从一位打开到二位；1拍（七）眼随手动，二位手打开到七位手，眼睛看手的方向，同时动力腿擦地到旁；1拍（八）眼睛回正，看正前方，同时擦地到外的动力腿吸腿收回至主力腿踝关节处，其脚趾吸附于踝关节位置上，胯部外开，膝盖正对旁边，髋关节固定住。整个过程要注意动作的连贯性（图1-116至图1-118）。

图1-116　　　　　　图1-117　　　　　　图1-118

（2）动作过程

在准备动作结束后，以膝关节为动作的相对固定点，动力腿小腿快速地向外弹出，依次完成向前、向旁、向后、再向旁的动作：

向前小弹腿时，用时2个八拍。其中，4拍一次的小弹腿动作做一次，2拍一次的小弹腿动作做两次。先做4拍一次的小弹腿动作，1拍（一）向前弹出，3拍（二、三、四）控制，1拍（五）收回，3拍（六、七、八）控制；再做2拍一次的小弹腿动作，1拍（二）向前弹出，1拍（二）控制，1拍（三）收回，1拍（四）控制。后4拍重复前4拍的动作（图1-119、图1-120）。

图1-119　　　　　　图1-120

向旁小弹腿时，用时2个八拍。其中，4拍一次的小弹腿动作做一次，2拍一次的小弹腿动作做两次。先做4拍一次的小弹腿动作，1拍（一）向旁弹出，3拍（二、三、四）控制，1拍（五）收回，3拍（六、七、八）控制；再做2拍一次的小弹腿动作，1拍（二）

向旁弹出,1拍(二)控制,1拍(三)收回,1拍(四)控制。后4拍重复前4拍的动作(图1-121、图1-122)。

图1-121　　　　　　图1-122

向后小弹腿时,用时2个八拍。其中,4拍一次的小弹腿动作做一次,2拍一次的小弹腿动作做两次。先做4拍一次的小弹腿动作,1拍(一)向后弹出,3拍(二、三、四)控制,1拍(五)收回,3拍(六、七、八)控制;再做2拍一次的小弹腿动作,1拍(二)向后弹出,1拍(二)控制,1拍(三)收回,1拍(四)控制。后4拍重复前4拍的动作(图1-123、图1-124)。

图1-123　　　　　　图1-124

再一次做向旁小弹腿时,用时2个八拍。其中,4拍一次的小弹腿动作做一次,2拍一次的小弹腿动作做两次。先做4拍一次的小弹腿动作,1拍(一)向旁弹出,3拍(二、三、四)控制,1拍(五)收回,3拍(六、七、八)控制;再做2拍一次的小弹腿动作,1拍(二)向旁弹出,1拍(二)控制,1拍(三)收回,1拍(四)控制;在做第二次2拍一次的小弹腿动作时,1拍(五)向旁弹出,1拍(六)控制,2拍(七、八)脚尖轻轻点地(图1-125、图1-126)。

图1-125　　　　　图1-126

（3）结束动作

当做完第二次2拍一次的小弹腿动作后,给4拍的结束音乐,2拍(五、六)做手臂的呼吸运动,2拍(七、八)做动力腿的擦地收回和一个半蹲的动作,收回至准备位置,眼睛看把杆外斜上方结束。

（4）音乐伴奏

音乐的节拍：2/4。

音乐的时长：9个半八拍。其中,准备动作1个八拍,动作过程8个八拍,结束动作4拍。

单手扶把小弹腿音乐伴奏及曲谱①

（七）单手扶把单腿蹲

1. 训练目的

单腿蹲的动作主要是为了训练双脚的柔韧性、外开与相互间的协调配合,提高主力腿承受身体重量与重心稳定的能力,增强腰肌、背肌的力量,为之后大幅度的动作和跳跃落地时膝关节的缓冲打下基础。

---

① 杨洪涛.芭蕾舞基本功训练钢琴伴奏曲选[M].北京:高等教育出版社,2004:31.

对于主持人来说，单腿蹲动作的训练可以使其充分地感受身体各部位的柔韧性；同时，手臂的呼吸动作与蹲起动作的配合又可以增强身体的协调性。

2. 内在元素

在做动作的过程中感受身体的柔韧性与协调性。

3. 具体要求

（1）双腿做到同屈、同伸

在单腿蹲动作的训练过程中，最重要的一点要求就是要做到主力腿与动力腿的同屈、同伸，同时，屈伸的过程要细致且缓慢。

（2）动作中带动点的要求

做动力腿向前的单腿蹲时，以动力腿的脚跟为带动点并保持膝盖的外旋向前伸直；做动力腿向旁的单腿蹲时，以动力腿的脚尖为带动点并保持膝盖的外旋向旁伸直；做动力腿向后的单腿蹲时，以动力腿的脚尖为带动点并保持膝盖的外旋向后伸直，同时髋部不要掀起。

（3）动作中内在元素的体现

在主力腿与动力腿屈伸的过程中，以及髋关节保持外开的过程中，感受膝盖、脚腕、腿部肌肉以及髋关节的柔韧性。在动力腿向前、向旁或向后伸直后，要继续感受腿部向外的延伸；同时在整个过程中，还要感受身体其他部位的延伸，比如后背向上的延伸、眼睛向前的延伸、手指尖向外的延伸等。在完成手臂的呼吸动作与单腿蹲动作的配合时，还要体现出整体的协调性。

4. 训练过程

（1）准备动作

单手扶把，另一只手形成芭蕾的一位手，在芭蕾一位脚（也可以站成大八字步）站位的基础上用1个八拍准备，准备时，眼睛平视身体的正前方。4拍（一、二、三、四）身体保持不动；2拍（五、六）手从一位打开到二位；1拍（七）眼随手动，二位手打开到七位手，眼睛看手的方向，同时动力腿擦地到旁；1拍（八）眼睛回正，看正前方，同时擦地到旁的动力腿做一个小踢腿动作，动力脚离开地面并保持动力腿的控制（图1-127至图1-129）。

图1-127　　　　　　图1-128　　　　　　图1-129

（2）动作过程

在准备动作结束后依次完成向前、向旁、向后、再向旁的单腿蹲动作：

做动力腿向前的单腿蹲时，用时1个八拍。2拍（一、二）做手臂的呼吸运动，同时向旁延伸动力腿；2拍（三、四）屈膝，动力腿的脚尖放至主力腿的内侧脚踝骨上，要做到主力腿和动力腿同时弯曲，同时手臂从七位手落回至一位手；2拍（五、六）以动力腿的脚跟为带动点并保持膝盖的外旋，向前伸直，同时主力腿也由屈膝变为直膝，手臂从一位手经过二位手再打开到七位手；2拍（七、八）控制（图1-130、图1-131）。

图1-130　　　　　　图1-131

做动力腿向旁的单腿蹲时，用时1个八拍。2拍（一、二）做手臂的呼吸运动，同时向前延伸动力腿；2拍（三、四）屈膝，动力腿的脚尖放至主力腿的内侧脚踝骨上，要做到主力腿和动力腿同时弯曲，同时手臂从七位手落回至一位手；2拍（五、六）以动力腿的脚尖为带动点并保持膝盖的外旋，向旁伸直，同时主力腿也由屈膝变为直膝,手臂从一位手经过二位手再打开到七位手;2拍(七、八)控制(图1-132、图1-133)。

图1-132　　　　　图1-133

做动力腿向后的单腿蹲时,用时1个八拍。2拍(一、二)做手臂的呼吸运动,同时向旁延伸动力腿;2拍(三、四)屈膝,动力腿的脚尖放至主力腿的内侧脚踝骨上,要做到主力腿和动力腿同时弯曲,同时手臂从七位手落回至一位手;2拍(五、六)以动力腿的脚尖为带动点并保持膝盖的外旋,向后伸直,同时主力腿也由屈膝变为直膝,手臂从一位手经过二位手再打开到七位手;2拍(七、八)控制(图1-134、图1-135)。

图1-134　　　　　图1-135

再做动力腿向旁的单腿蹲时,用时1个八拍。2拍(一、二)做手臂的呼吸运动,同时向后延伸动力腿;2拍(三、四)屈膝,动力腿的脚尖放至主力腿的内侧脚踝骨上,要做到主力腿和动力腿同时弯曲,同时手臂从七位手落回至一位手;2拍(五、六)以动力腿的脚尖为带动点并保持膝盖的外旋,向旁伸直,同时主力腿也由屈膝变为直膝，手臂从一位手经过二位手再打开到七位手；2拍（七、八）控制住动力腿，脚尖轻轻点地（图1-136至图1-138）。

图1-136

图1-137

图1-138

（3）结束动作

当做完最后一次向旁的单腿蹲动作（动力脚的脚尖点地）后，给4拍的结束音乐，2拍（五、六）做手臂的呼吸运动，2拍（七、八）做动力腿的擦地收回和一个半蹲的动作，收回至准备位置，眼睛看把杆外斜上方结束。

（4）音乐伴奏

音乐的节拍：4/4。

音乐的时长：5个半八拍。其中，准备动作1个八拍；动作过程4个八拍；结束动作4拍。

单手扶把单腿蹲音乐伴奏及曲谱[①]

---

① 梁鹤.中国古典舞基训钢琴伴奏曲集[M].长春：吉林音像出版社，2000：12.

第二章
身体延伸与呼吸训练

第一节　身体的延伸训练

主持人作为传播者与受众之间的桥梁，是一个普通而又特殊的存在。说主持人"普通"，是因为主持人是作为一个普通人与观众进行面对面交流、心与心沟通的，单从这一点上来说，主持人相比于各表演艺术门类中的演员更接地气儿；说"特殊"，是因为作为一个出镜的"公众人物"和节目的"形象代言人"，主持人又应当有自己的风格和主持魅力，同时具备有别于普通人的高雅气质。

通过第一章"身体认知与把杆训练"的学习，我们已经在扶把组合中系统、规范地训练了主持人所需的四大元素——直立、延伸、柔韧和协调。其中，直立能体现动作的规范；延伸、柔韧和协调能体现内在的感受。在体现内在感受的三个元素中，柔韧和协调的训练能使主持人的体态更具美感；而延伸的训练则是重中之重，是一个主持人具备高雅气质的必经之路。所以，本章的第一节将继续通过身体几个部位的动作着重进行身体的延伸训练。

一、本节的训练目的

本节的身体延伸训练不仅可以使学生具备动作的规范意识，而且还可以使学生树立身体的延伸意识，从而逐渐培养出一种由内而外的高雅气质。

二、本节的训练特点

第一,以动作组合为训练形式。

第二,以钢琴伴奏为训练音乐。

第三,每一部分的动作组合环环相扣,前一个组合是后一个组合训练的基础,后一个组合是前一个组合训练的延续,四个部分的训练内容有机地形成一个整体,共同构成本节的训练内容。

第四,每一部分的动作组合从内在元素、具体要求和训练过程三个方面展开。其中,内在元素是内在感受的体现;具体要求是在动作组合完成的过程中所要做到的具体的要求;训练过程结合音乐伴奏展开。由于受到训练过程动态的特点和文字表述的局限性影响,所以在对其进行详细描述和记录的同时也会使用图片、二维码等进行补充说明。

三、本节的训练内容

本节的身体延伸训练包括四个部分的训练内容,分别是:胸部延伸训练、背部延伸训练、抬腿延伸训练和吸腿延伸训练。

(一)胸部延伸训练

1. 内在元素

在做动作的过程中感受胸部的延伸。

2. 具体要求

(1)准备动作的要求

胸部延伸训练是坐在地面上完成的。在准备动作中,双腿伸直、并拢,脚背紧绷,做到直膝绷腿;腰部立起,后背保持直立、挺拔的状态,做到拔背立腰;颈部伸长的同时下颌内含,做到立颈含颔;头部摆正的同时双眼平视前方;双手打开到身体两侧的同时中指轻轻点地,而非用手掌撑地;当双手由两侧从点地的位置抬起并收回到胸部的正前方时,双臂应伸直并打开到与肩同宽的距离。

(2)动作过程的要求

做动作的过程中,以胸部为动力点做向前的延伸动作;收回时要注意后背向上的延伸。整个过程中还要注意指尖和脚尖的向前延伸。在做4拍一次的胸部延伸动作时,要注意感受缓慢延伸的过程;在做2拍一次的胸部延伸动作时,要注意感受身体动态的韵律。

由于播音与主持艺术专业的学生缺乏长期的肌肉训练,所以在做动作的过程中经常会出现自觉或不自觉的"松腰""松腿"等问题,需要加以克服,并在日后的训练中加强腰腹力量和肌肉素质力量的练习。

(3)结束动作的要求

结束动作时,双臂先从前方打开至两侧形成芭蕾的七位手,再经过呼吸落回至准备位置。在这个过程中既要注意手臂动作的规范性,也要注意符合手臂呼吸动作的要求。

3. 训练过程

(1)准备动作

双腿伸直坐在地板上,上身保持直立,双手打开到身体两侧的同时中指轻轻点地。用1个八拍准备,准备时眼睛平视身体的正前方。4拍(一、二、三、四)身体保持不动;4拍(五、六、七、八)双手由两侧从点地的位置抬起并收回至胸部的正前方(图2-1至图2-4)。

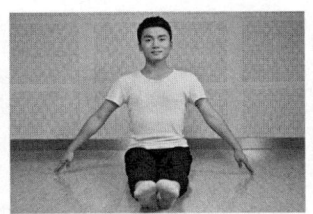
图2-1

图2-2

图2-3

图2-4

(2)动作过程

在准备动作结束后依次完成4拍一次和2拍一次的胸部向前的延伸过程:

先做4拍一次的胸部延伸动作,以胸部为动力,4拍(一、二、三、四)向前延伸;4拍(五、六、七、八)收回。做两次,共计2个八拍。

再做2拍一次的胸部延伸动作,以胸部为动力,2拍(一、二)向前延伸;2拍(三、四)收回。做四次,共计2个八拍(图2-5至图2-8)。

图2-5

图2-6

图2-7

图2-8

（3）结束动作

做完第四次2拍一次的胸部延伸动作后，给1个八拍的结束音乐，4拍（一、二、三、四）双臂从前方向两侧打开，形成芭蕾的七位手；4拍（五、六、七、八）做手臂的呼吸动作，落回至准备位置（图2-9至图2-11）。

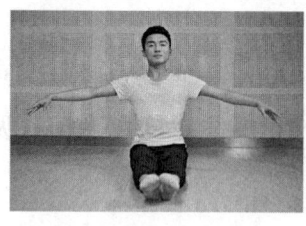  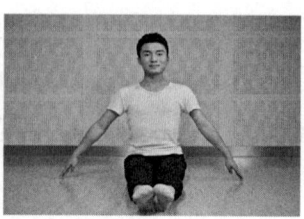

图2-9　　　　　　　　　图2-10　　　　　　　　　图2-11

胸部延伸训练音乐伴奏及曲谱[①]

（4）音乐伴奏

音乐的节拍：4/4。

音乐的时长：6个八拍。其中，准备动作1个八拍，动作过程4个八拍，结束动作1个八拍。

（二）背部延伸训练

1. 内在元素

在做动作的过程中感受背部的延伸。

2. 具体要求

（1）准备动作的要求

背部延伸训练与胸部延伸训练都是坐在地面上完成的。在准备动作中，双腿交叉盘坐，底盘要稳；腰部立起，后背保持直立、挺拔的状态，做到拔背立腰；颈部伸长的同时下颌内含，做到立颈含颌；头部摆正的同时，双眼平视前方；双手打开到身体两侧的同时，中指轻轻点地，而非用手掌撑地；当双手从点地的位置上抬至"展翅"位置时，手掌要平摊、手心要朝前、双臂要伸直；当双手交叉并收回至后脑勺上方时，两个胳膊要向旁伸到极致，肩胛骨完全打开，同时颈部要伸长立起。

（2）动作过程的要求

在做"上身转动"的动作时，要保持上身的直立和双臂的外开。

在做"双臂开合"的动作时，要注意保持颈部的直立，不要低头，同时还要感受动作的静中有动、动中有静。"静"指的是颈部和头部保持静止不动的状态；

[①] 吴令仪.拜厄钢琴基础教程[M].上海：上海音乐出版社，2008：62.

"动"指的是双臂在开合的过程中动态的呈现,在动作的静与动中充分感受后背的延伸。

在做"夹臂提沉"的动作时,要注意上身的逐节下沉和逐节上提。在下沉时,依次是头部、颈椎、胸椎、脊椎和腰椎逐节下沉;在上提时,依次是腰椎、脊椎、胸椎、颈椎和头部逐节上提。

在做"抬臂延伸"的动作时,双手要打开伸直,掌心要相对;身体在向前延伸时要能够控制住整个后背,并保持上身与腿部的45度夹角。

(3)结束动作的要求

结束动作时,要能够继续保持良好的体态和状态以及面部情绪,在结束音乐中再一次感受背部的延伸。

3. 训练过程

(1)准备动作

双腿交叉盘坐在地板上,上身保持直立,双手打开到身体两侧的同时,中指轻轻点地。用1个八拍准备,准备时,眼睛平视身体的正前方。4拍(一、二、三、四)身体保持不动;2拍(五、六)双手从点地的位置上抬至"展翅"位置;2拍(七、八)保持大臂不动,小臂收回,同时双手交叉放置在后脑勺上方(图2-12至图2-15)。

 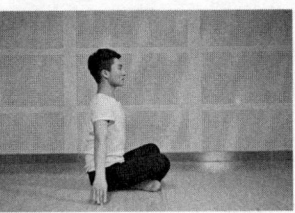  

图2-12　　　　　图2-13　　　　　图2-14　　　　　图2-15

(2)动作过程

在准备动作结束后依次完成"上身转动""双臂开合""夹臂提沉"和"抬臂延伸"的动作:

先做"上身转动"的动作,保持准备姿势,4拍(一、二、三、四)上身向左转动至左斜前方;4拍(五、六、七、八)收回至准备位置;4拍(二、二、三、四)上身向右转动至右斜前方;4拍(五、六、七、八)收回至准备位置。左右转身各做一次,共计2个八拍(图2-16至图2-21)。

图2-16　　　　　　　　图2-17　　　　　　　　图2-18

图2-19　　　　　　　　图2-20　　　　　　　　图2-21

再做"双臂开合"的动作，保持准备姿势，4拍（一、二、三、四）双臂向里合回并夹住头部；4拍（五、六、七、八）双臂向外打开，回到准备位置。做两次，共计2个八拍（图2-22、图2-23）。

图2-22　　　　　　　　图2-23

然后做"夹臂提沉"的动作，保持准备姿势，4拍（一、二、三、四）双臂向里合回并夹住头部；4拍（五、六、七、八）做身体的下沉动作；4拍（二、二、三、四）做身体的上提动作；4拍（五、六、七、八）双臂向外打开，回到准备位置。做一次，共计2个八拍（图2-24至图2-28）。

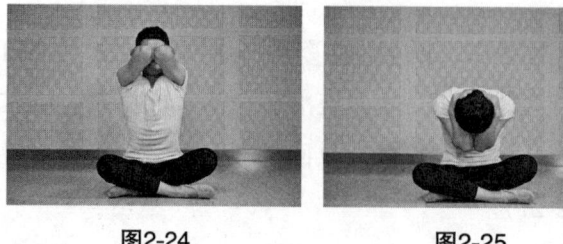

图2-24　　　　　　　　图2-25

图2-26

图2-27

图2-28

最后做"抬臂延伸"的动作，保持准备姿态，4拍（一、二、三、四）双手打开伸直并抬起至头顶的上方，同时掌心相对；4拍（五、六、七、八）双臂夹住头部，身体向前延伸至斜前方，此时上身与腿部保持45度的夹角；4拍（二、二、三、四）双臂及身体回到正上方；最后4拍（五、六、七、八）保持上身的直立，双臂落回至身体的两侧。做一次，共计2个八拍（图2-29至图2-32）。

图2-29

图2-30

图2-31

图2-32

（3）结束动作

做完"抬臂延伸"的动作后，给1个八拍的音乐，保持身体的直立状态，结束训练。

（4）音乐伴奏

音乐的节拍：4/4。

音乐的时长：10个八拍。其中，准备动作1个八拍，动作过程8个八拍，结束动作1个八拍。

背部延伸训练音乐伴奏及曲谱[①]

---

① 杨洪涛.中国舞基本功训练钢琴伴奏曲选[M].北京：高等教育出版社，2004：1.

（三）抬腿延伸训练

1. 内在元素

在抬腿延伸的动作过程中感受腿部的延伸。

2. 具体要求

抬腿延伸训练实际上也是一个肌肉力量练习，主要集中在腰腹肌和腿部肌肉上。重点要向学生强调的是，在做动作的过程中感受腿部的延伸。在完成动作时需要做到以下几点：

（1）清楚带动点

无论是双腿还是单腿，起落时都要以脚背为带动点带动腿部的延伸。在做动作的过程中，要做到节奏均匀，不可忽快忽慢。

（2）呼吸要放松

在做动作的过程中，腰腹要收紧，气息要放松，还要保持呼吸的畅通，不可憋气。

（3）腿部要绷紧

在做动作的过程中，双腿和双脚的动作始终是在绷紧的基础上完成的，任何时候都不能松懈，绷得越紧，起落越轻松。

3. 训练过程

（1）准备动作

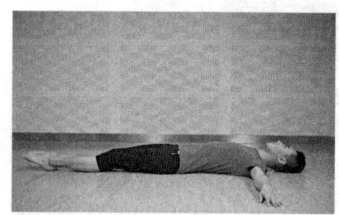

图2-33

身体平躺在地板上；双臂顺着肩部，水平打开到身体两侧；保持呼吸顺畅的同时使整个身体完全贴在地板上；双腿并拢，直膝绷腿，用1个八拍的音乐准备（图2-33）。

（2）动作过程

在准备动作结束后依次完成"双腿起落""单腿起落"和"交错腿起落"的动作：

先做"双腿起落"的抬腿延伸动作，以脚背为带动点，1个八拍（一、二、三、四、五、六、七、八）双腿向上延伸并抬起至正上方，此时双腿与上身呈90度角；1个八拍（二、二、三、四、五、六、七、八）双腿向下落回至准备位置。做两次，共计4个八拍（图2-34至图2-36）。

第二章　身体延伸与呼吸训练

图2-34

图2-35

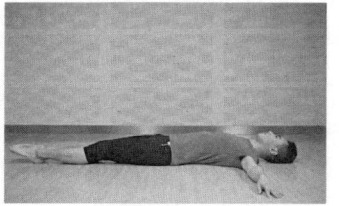
图2-36

再做"单腿起落"的抬腿延伸动作，以脚背为带动点，1个八拍（一、二、三、四、五、六、七、八）右腿向上延伸并抬起至正上方，此时动力腿与主力腿呈90度角；1个八拍（二、二、三、四、五、六、七、八）右腿向下落回至准备位置；再1个八拍（三、二、三、四、五、六、七、八）左腿向上延伸并抬起至正上方，此时动力腿与主力腿呈90度角；最后1个八拍（四、二、三、四、五、六、七、八）左腿向下落回至准备位置，共计4个八拍（图2-37至图2-42）。

图2-37　　　　　　图2-38　　　　　　图2-39

图2-40　　　　　　图2-41　　　　　　图2-42

最后做"交错腿起落"的抬腿延伸动作，以脚背为带动点，1个八拍（一、二、三、四、五、六、七、八）右腿向上延伸并抬起至正上方，此时动力腿与主力腿呈90度角；1个八拍（二、二、三、四、五、六、七、八）右腿向下落回的同时左腿向上抬起；再1个八拍（三、二、三、四、五、六、七、八）左腿向下落回的同时右腿向上抬起；最后1个八拍的前七拍（四、二、三、四、五、六、七）右腿向下落回的同时左腿向上抬起，最后1拍（八）时，右腿瞬间抬起，此时双腿收紧、合拢并与上身呈90度角，共计4个八拍（图2-43至图2-45）。

图2-43　　　　　　　　　　图2-44　　　　　　　　　　图2-45

（3）结束动作

保持双腿向上抬起的状态，控制1个八拍后再用1个八拍落回至准备位置。

（4）音乐伴奏

音乐的节拍：4/4。

音乐的时长：15个八拍。其中，准备动作1个八拍，动作过程12个八拍，结束动作2个八拍。

抬腿延伸训练音乐伴奏及曲谱[①]

（四）吸腿延伸训练

1. 内在元素

在做吸腿延伸的动作过程中感受后背、膝盖的延伸以及大腿内侧的柔韧性。

2. 具体要求

（1）延伸要做到

在做吸腿延伸的动作过程中，要做到两个延伸：一是立起腰部，保持后背向上的直立和延伸；二是以膝盖为带动点的腿部的延伸。在做动作的过程中，要做到节奏均匀，不可忽快忽慢。

（2）柔韧要体现

在做转胯动作的过程中要控制住动力腿的髋关节并充分感受大腿内侧的柔韧性；同时，还要保持主力腿的直膝绷腿。

（3）体态要控制

在动力腿吸回时，腰部很容易松懈；由于动力腿吸回的惯性，身体也很容易往后躺。在吸腿延伸的动作过程中，要避免上述问题并保持身体各部位动作的标准。

（4）呼吸要放松

在做动作的过程中，腰、腹、背肌和腿部肌肉要收紧，气息要放松，还要保持呼吸的畅通，不可憋气。

---

① 杨洪涛. 中国舞基本功训练钢琴伴奏曲选［M］. 北京：高等教育出版社，2004：4.

3. 训练过程

（1）准备动作

双腿伸直坐在地板上，上身保持直立，双手打开到身体两侧的同时，中指轻轻点地。用1个八拍准备，准备时，眼睛平视身体的正前方（图2-46）。

图2-46

（2）动作过程

在准备动作结束后依次完成"单腿吸落"和"转胯"的动作：

先做"右腿吸落"的吸腿延伸动作，在保持后背向上直立以及直膝绷腿的基础上以膝盖为带动点，4拍（一、二、三、四）右腿向上吸回；4拍（五、六、七、八）右腿向前擦出，回至准备位置。做两次，共计2个八拍（图2-47、图2-48）。

 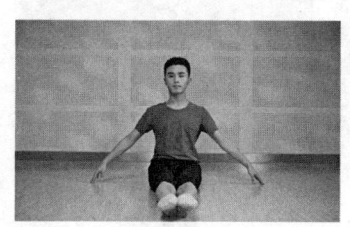

图2-47　　　　　　　图2-48

再做"左腿吸落"的吸腿延伸动作，在保持后背向上直立以及直膝绷腿的基础上以膝盖为带动点，4拍（一、二、三、四）左腿向上吸回；4拍（五、六、七、八）左腿向前擦出，回至准备位置。做两次，共计2个八拍（图2-49、图2-50）。

图2-49　　　　　　　图2-50

然后做"右腿转胯吸落"的吸腿延伸动作，在保持后背向上直立以及直膝绷腿的基础上以膝盖为带动点，4拍（一、二、三、四）右腿向上吸回；4拍（五、六、七、八）右胯向外打开；再4拍（二、二、三、四）右胯关回；最后4拍（五、六、七、八）右腿向前擦出，回至准备位置。做一次，共计2个八拍（图2-51至图2-54）。

图2-51　　　　　　　图2-52　　　　　　　图2-53　　　　　　　图2-54

最后做"左腿转胯吸落"的吸腿延伸动作，在保持后背向上直立以及直膝绷腿的基础上以膝盖为带动点，4拍（一、二、三、四）左腿向上吸回；4拍（五、六、七、八）左胯向外打开；再4拍（二、二、三、四）左胯关回；最后4拍（五、六、七、八）左腿向前擦出，回至准备位置。做一次，共计2个八拍（图2-55至图2-58）。

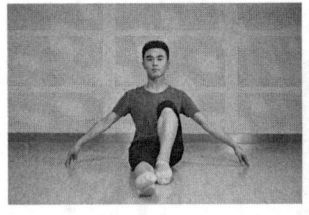   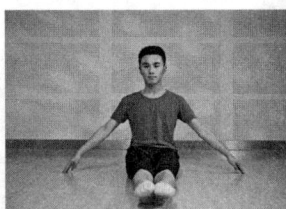

图2-55　　　　　　　图2-56　　　　　　　图2-57　　　　　　　图2-58

（3）结束动作

做完"左腿转胯吸落"的吸腿延伸动作后，回到准备位置，给1个八拍的音乐保持身体延伸的状态，结束训练。

吸腿延伸训练音乐伴奏及曲谱[①]

（4）音乐伴奏

音乐的节拍：4/4。

音乐的时长：10个八拍。其中，准备动作1个八拍，动作过程8个八拍，结束动作1个八拍。

第二节　身体的呼吸训练

规范、自然、美感，是电视节目主持人形体基础训练所要达到的三种境界。

规范是身体的一种有意识的控制，自然则是身体的一种无意识的表达。如果说本章的第一节"身体的延伸训练"是对身体"规范"进行训练的话，那么，本节身体

---

① 林龙.中国古典舞基训钢琴伴奏曲选［M］.上海：上海音乐出版社，2010：32.

的呼吸训练就是形体训练从"规范"走向"自然"最为关键的一步。如何在无意识中将身体的"自然"表达得淋漓尽致，这仍需要有意识地训练，而这种训练的核心即本节的训练内容——身体的呼吸。

俗话说，"外练筋骨皮，内练一口气"。这里的"气"既指代呼吸、气息，又包含一种内在的气韵。吸气和吐气是生理的呼吸，它是指机体与外界环境之间交换气体的过程；而身体的呼吸则是在生理呼吸的基础上进行的身体动作变化的过程。身体的呼吸不等同于生理的呼吸，但二者又有密切联系。

对于舞者来说，如果身体没有呼吸，动作就会缺失质感，因而也不会感染观众。

对于主持人来说，如果身体没有呼吸，动作就会显得僵硬、刻板，同样难以感染观众。

在本节的训练中，主要以中国古典舞身韵的"提沉""冲靠""含腆"等元素进行身体"上下""前后""内外"的呼吸律动训练，使身体在不断变化中既能达到中国古典舞身韵形神兼备、内外统一、身心并用的训练要求，又能达到电视节目主持人身体灵活自如、自然表达的训练目的。

一、本节的训练目的

本节的身体呼吸训练可以使学生具备身体呼吸的意识，在身体的不断变化中实现灵活自如、自然表达的训练目的，逐渐培养出一种由内而外的高雅气质。

二、本节的训练特点

第一，以中国古典舞身韵为训练基础。

第二，以地面动作组合为训练形式。

第三，以钢琴伴奏为训练音乐。

第四，每一部分的动作组合环环相扣，前一个组合是后一个组合训练的基础，后一个组合是前一个组合训练的延续，训练内容有机地形成一个整体。

第五，每一部分的动作组合从内在元素、具体要求和训练过程三个方面展开。其中，内在元素是内在感受的体现；具体要求是在动作组合完成的过程中所要做到的具体的要求；训练过程结合音乐伴奏展开。由于受到训练过程动态的特点和文字表述的局限性影响，所以在对其进行详细描述和记录的同时也会使用图片、二维码等进行补充说明。

三、本节的训练内容

本节的身体呼吸训练包括三个部分的训练内容，分别是身体上下的呼吸律动训练、身体前后的呼吸律动训练和身体内外的呼吸律动训练。

（一）身体上下的呼吸律动训练

1. 内在元素

在提沉的动作过程中感受身体上下的呼吸律动。

2. 具体要求

（1）准备动作要保持

身体上下的呼吸律动训练是坐在地面上完成的。在准备动作中，双腿交叉盘坐，底盘要稳，这种姿势有利于练习时排除身体其他部位肌肉的干扰；腰部立起，后背保持直立、挺拔的状态，同时肩部放松，做到拔背立腰；颈部伸长的同时下颌内含，做到立颈含颔；头部摆正的同时，双眼平视前方；手腕搭在膝盖上，双臂抻起并架起一个圆弧，要摆出一种气韵饱满的架势。

（2）发力位置要找准

在做动作的过程中要以尾椎和腰椎之间为发力点，做身体的提沉动作。

（3）逐节提沉要做到

在找准发力点后，身体的提沉要一节一节地进行。"提"要以尾椎与腰椎之间为发力点，上身由下往上一节一节提起，先提起尾椎、腰椎、脊椎、胸椎、颈椎，最后提起头部；"沉"也要以尾椎与腰椎之间为发力点，上身由下往上一节一节下沉，先是尾椎、腰椎、脊椎、胸椎、颈椎下沉，最后是头部下沉。

（4）动作过程要连贯

提沉的过程是身体的脊柱由下往上传递的过程，在这个过程中，可以想象自己的脊柱就像一条绳子或一条蛇，在逐节下沉或上提时，要能做到动作的连贯和饱满。正如打太极拳时，应做到缓慢柔和、圆润饱满，没有停顿和棱角一样。在做8拍一次的提沉动作时，要感受身体缓慢的呼吸过程；在完成4拍一次的提沉动作时，虽然节奏发生了变化，但呼吸的过程同样要做到连贯和饱满。

（5）两个呼吸要统一

由于提沉是身体上下的呼吸律动，而身体的呼吸又是在生理呼吸的基础上完成的，所以在做动作的过程中，要做到两个呼吸的统一。上提时用鼻腔逐渐吸气，提到顶时气息吸满；下沉时逐渐吐气，沉到底时气息吐尽。正所谓，"提如闻花，沉如抽丝"。由于生理的呼吸是一个循环往复的过程，所以在提沉的过程中也应当具备"提不止、沉不完"的动作意识。

（6）"欲扬先抑"要体现

在做提沉动作的过程中，讲求身体的"欲扬先抑"，即欲沉先提、欲提先沉。在准备姿态到位后，需要先有一个上提的意识，再沉下去，进而继续完成提沉的动作。这既契合中国古典美学所讲求的"欲扬先抑"的迂回、曲折之美，也与中国古典舞的"一切从反面做起"（即逢冲必靠、欲左先右、逢开必合、欲前先后的运动规律）之说相契。

3. 训练过程

（1）准备动作

双腿交叉盘坐，上身保持直立，肩部放松，手腕搭在膝盖上，双臂抻起一个圆弧。用1个八拍准备，准备时，眼睛平视身体的正前方。4拍（一、二、三、四）在盘坐的基础上做吸气上提的动作；4拍（五、六、七、八）在吐气的同时做下沉的动作（图2-59、图2-60）。

图2-59

图2-60

（2）动作过程

在准备动作结束后，依次完成8拍一次和4拍一次提沉的动作：

先做8拍一次的提沉动作，以腰椎与尾椎之间为发力点，8拍（一、二、三、四、五、六、七、八）身体一节一节上提；提到最高点后，8拍（二、二、三、四、五、六、七、八）身体再一节一节下沉。提和沉各做一次，共计2个八拍。

再做4拍一次的提沉动作，以腰椎与尾椎之间为发力点，4拍（一、二、三、四）身体一节一节上提；提到最高点后，4拍（五、六、七、八）身体再一节一节下沉。提和沉各做两次，共计2个八拍。

（3）结束动作

做完第二次4拍一次的下沉动作后，给1个八拍的结束音乐，再做一次身体的上提，回至准备位置。

（4）音乐伴奏

音乐的节拍：2/4。

音乐的时长：6个八拍。其中，准备动作1个八拍，动作过程4个八拍，结束动作1个八拍。

身体上下的呼吸律动训练音乐伴奏及曲谱[①]

（二）身体前后的呼吸律动训练

1. 内在元素

在做冲靠的动作过程中感受身体前后的呼吸律动。

2. 具体要求

（1）准备动作要保持

身体前后的呼吸律动训练是坐在地面上完成的，准备动作的要求与身体上下的呼吸律动训练的要求一致。具体如下：

在准备动作中，双腿交叉盘坐，底盘要稳，这种姿势有利于练习时排除身体其他部位肌肉的干扰；腰部立起，后背保持直立、挺拔的状态，同时肩部放松，做到拔背立腰；颈部伸长的同时下颌内含，做到立颈含颌；头部摆正的同时，双眼平视前方；手腕搭在膝盖上，双臂抻起并架起一个圆弧，要摆出一种气韵饱满的姿势。

（2）动作过程要规范

冲靠是在提沉的基础上完成的身体前后的呼吸律动。

在做"冲"的动作时，要以肩的外侧和胸大肌为带动点，向身体的8点或2点方向水平冲出；同时身体的侧腰肌要拉长，头部的方向与肩部相反，即肩向左冲，头略向右偏。眼睛和身体冲出的方向要一致。

在做"靠"的动作时，要以后背的肩胛骨为带动点，并保持后背的挺拔状态，向身体的4点或6点方向平稳后靠；同时身体的前肋往里收，后背侧肌拉长。身体若向右后靠，头则微微向左转动，双眼平视前方，头部及颈部略向内含。

（3）其他要求需注意

除了做到上述要求之外，还要能区别训练过程中"冲"和"爬"、"靠"和"躺"的动作要求。"冲"是一种向前、向远的意识，它需要一种饱满的气势，而"爬"则是一种向下的意识，它多在放松的基础上体现出一种隐藏、躲避的状态；"靠"是

---

① 杨洪涛.中国舞基本功训练钢琴伴奏曲选[M].北京：高等教育出版社，2004：37.

一种向后的控制意识,而"躺"则是一种向下的放松意识。所以在做动作的过程中,不能把"冲"做成"爬",也不能把"靠"做成"躺"。

3. 训练过程

(1)准备动作

双腿交叉盘坐,上身保持直立,肩部放松,手腕搭在膝盖上,双臂抻起一个圆弧。用1个八拍准备,准备时,眼睛平视身体的正前方。4拍(一、二、三、四)在盘坐的基础上做吸气上提的动作;4拍(五、六、七、八)在吐气的同时做下沉的动作。

(2)动作过程

在准备动作结束后依次完成向左和向右的冲靠动作:

先做向左冲靠的动作。以腰椎与尾椎之间为发力点,8拍(一、二、三、四、五、六、七、八)身体一节一节上提;提到最高点后,8拍(二、二、三、四、五、六、七、八)以左肩外侧和胸大肌为带动点,并保持后背的挺拔状态,向身体的左前方8点的位置做"冲"的动作,身体的侧腰肌要拉长,头部向右侧略偏,眼睛看左前方的远方;然后在冲出的位置用4拍(三、二、三、四)做身体的下沉动作;再用4拍(五、六、七、八)做身体的上提动作;提到最高点后,用4拍(四、二、三、四)以后背的肩胛骨为带动点,并保持后背的挺拔状态,向身体的右后方4点的位置做"靠"的动作;最后再用4拍(五、六、七、八)做身体的下沉动作,回到准备动作结束的位置,整个过程共计4个八拍(图2-61)。

图2-61

再做向右冲靠的动作。以腰椎与尾椎之间为发力点,8拍(一、二、三、四、五、六、七、八)身体一节一节上提;提到最高点后,8拍(二、二、三、四、五、六、七、八)以右肩外侧和胸大肌为带动点,并保持后背的挺拔状态,向身体的右前方2点的位置做"冲"的动作,身体的侧腰肌要拉长,头部向左侧略偏,眼睛看右前方的远方;然后在冲出的位置用4拍(三、二、三、四)做身体的下沉动作;再用4拍(五、六、七、八)做身体的上提动作;提到最高点后,用4拍(四、二、三、四)以后背的肩胛骨为带动点,并保持后背的挺拔状态,向身体的左后方6点的位置做"靠"的动作;最后再用4拍(五、六、七、八)做身体的下沉动作,回到准备动作结束的位置,整个过程共计4个八拍(图2-62)。

图2-62

（3）结束动作

做完向右的冲靠动作并回到身体的下沉动作后，给1个八拍的结束音乐，再做一次身体的上提，回至准备位置。

（4）音乐伴奏

音乐的节拍：4/4。

音乐的时长：10个八拍。其中，准备动作1个八拍，动作过程8个八拍，结束动作1个八拍。

身体前后的呼吸律动训练音乐伴奏及曲谱①

（三）身体内外的呼吸律动训练

1. 内在元素

在做含腆的动作过程中感受身体内外的呼吸律动。

2. 具体要求

（1）准备动作要保持

身体内外的呼吸律动训练是坐在地面上完成的，其准备动作的要求与身体上下、前后的呼吸律动训练的要求一致。

具体如下：在准备动作中，双腿交叉盘坐，底盘要稳，这种姿势有利于练习时排除身体其他部位肌肉的干扰；腰部立起，后背保持直立、挺拔的状态，同时肩部放松，做到拔背立腰；颈部伸长的同时下颌内含，做到立颈含颌；头部摆正的同时，双眼平视前方；手腕搭在膝盖上，双臂抻起并架起一个圆弧，要摆出一种气韵饱满的姿势。

（2）动作过程要规范

含腆是在提沉基础上完成的身体内外的呼吸律动。

做"含"的动作时，在身体上提的基础上，胸腔内收，双肩向里合回，腰椎形成弓形，同时颈部放松、头部低垂；做"腆"的动作时，也是在身体上提的基础上，保持后背的挺拔，双肩向后打开，以胸部为带动点，带动身体向前的无限延伸，同时颈部伸长、眼睛平视前方。

（3）其他要求需注意

除了做到上述要求之外，还要能区别训练过程中的"含"和"沉"、"腆"和"爬"的动作要求。

---

① 杨洪涛. 中国舞基本功训练钢琴伴奏曲选[M]. 北京：高等教育出版社，2004：41.

① "含"和"沉"

"含"和"沉"都是在"提"的基础上完成的，但"沉"是在吐气时身体逐节放松向下的过程；而"含"是在吐气时身体通过胸腔内收形成的一个向内、向里、向后的过程。当身体含回后，在身体前方架起了一个偌大的空间，这个由身体架构起来的空间大到可以容纳一口缸。它又像是在身体前方形成的一个"小宇宙"，并在运动中不断散发出强大的"磁场"，这里的"磁场"也可理解为"气场"。

② "腆"和"爬"

前面已经提到"爬"的动作过程。"爬"是一种向下的意识，它多在放松的基础上体现一种隐藏、躲避的状态；而"腆"则是在"提"的基础上，保持后背的挺拔，双肩向后打开，同时以胸部为带动点，带动身体向前无限延伸的过程。

所以在做动作的过程中，不能把"含"做成"沉"，也不能把"腆"做成"爬"。

3. 训练过程

（1）准备动作

双腿交叉盘坐，上身保持直立，肩部放松，手腕搭在膝盖上，双臂抻起一个圆弧。用1个八拍准备，准备时，眼睛平视身体的正前方。4拍（一、二、三、四）在盘坐的基础上做吸气上提的动作；4拍（五、六、七、八）在吐气的同时做下沉的动作。

（2）动作过程

在准备动作结束后依次完成含腆的动作：

以腰椎与尾椎之间为发力点，8拍（一、二、三、四、五、六、七、八）身体一节一节上提；提到最高点后，8拍（二、二、三、四、五、六、七、八）做"含"的动作，在含回的过程中，胸腔内收，双肩向里合回，腰椎形成弓形；然后在含回的位置上用4拍（三、二、三、四）做身体的上提动作；再用4拍（五、六、七、八）做"腆"的动作，在腆出的过程中，保持后背的挺拔，双肩向后打开，同时以胸部为带动点，带动身体向前无限延伸；到位后，4拍（四、二、三、四）进行体态的控制；最后再用4拍（五、六、七、八）做身体的下沉动作，回到准备动作结束的位置，整个过程共计4个八拍（图2-63、图2-64）。

图2-63　　　　　　　　图2-64

完成一次含腆的动作后,保持同样的节奏和动作过程,再完整地重复一次,共计4个八拍。

(3) 结束动作

做完第二次含腆动作并回到身体的下沉动作后,给4拍的结束音乐,再做一次身体的上提,回至准备位置。

(4) 音乐伴奏

音乐的节拍:4/4。

音乐的时长:9个半八拍。其中,准备动作1个八拍,动作过程8个八拍,结束动作4拍。

身体内外的呼吸律动训练音乐伴奏及曲谱[①]

---

① 梁鹤.中国古典舞基训钢琴伴奏曲集[M].长春:吉林音像出版社,2000:35.

第三章
身体韵律与表现训练

在上一章的训练中已经提到电视节目主持人形体基础训练所要达到的三种境界,即规范、自然和美感。在认知身体的基础上,通过把杆训练和身体的延伸训练进入形体动作的规范阶段;再通过身体的呼吸训练顺利地实现形体动作从规范到自然的过渡。本章的训练则是形体动作从规范到自然再走向美感最为重要的一步。

在本章的训练中,通过芭蕾舞、中国古典舞及其他舞种的基础组合训练,学生可以在掌握不同舞种风格、韵律特点的同时具备形体动作的美感意识和表现意识,从而顺利地完成从规范到自然再到美感的蜕变。

第一节 芭蕾舞韵律与表现训练

芭蕾舞是15世纪出现于意大利,历经300多年的发展而形成的具有特定审美标准和技术规范的欧洲古典舞蹈。其"开、绷、直、立"的美学原则,对世界舞蹈的发展产生了深远的影响。不仅如此,它还作为多种体育运动项目的辅助课程,极大地影响着运动领域的发展,比如今天我们还能从跳水、花样游泳、艺术体操等项目中寻找到芭蕾的影子。

芭蕾舞韵律的训练不仅可以使人的肌肉线条得到最大限度的延展,而且可以培养出轻盈飘逸、尊贵典雅、气宇轩昂的精神气质。所以对于主持人来说,芭蕾舞的韵律训练是形体训练的上乘之选。

一、本节的训练目的

本节芭蕾舞韵律训练可以使学生在掌握芭蕾舞"开、绷、直、立"美学原则的基础上树立动作的美感意识，从而在训练的过程中培养出由内而外的高雅气质。

二、本节的训练特点

第一，以芭蕾舞基本训练为基础。

第二，以动作组合为训练形式。

第三，以钢琴伴奏为训练音乐。

第四，三个动作组合环环相扣，前一个组合是后一个组合训练的基础，后一个组合是前一个组合训练的延续，三个动作组合有机地形成一个整体，共同构成本节的训练内容。

第五，三个动作组合分别从内在元素、具体要求和训练过程三个方面展开。其中，内在元素是内在感受的体现；具体要求是在动作组合完成的过程中所要做到的具体的要求；训练过程结合音乐伴奏展开进行，由于受到训练过程动态的特点和文字表述的局限性影响，在对其进行详细描述和记录的同时也会使用图片、二维码等进行补充说明。

第六，由于播音与主持艺术专业的学生不具备专业舞蹈的训练功底，所以应适当降低组合的难度，但在具体要求上同样要严格、规范，重在增强内在元素的感受。

三、本节的训练内容

本节的芭蕾舞韵律训练结合第一章第二节把杆训练的基本内容，从芭蕾的基本手位和脚位入手，通过直立芭蕾手位、盘坐芭蕾手位和移动、变位芭蕾手位三个动作组合进行训练。

（一）芭蕾的基本手位和脚位

芭蕾起源于意大利，兴盛于法国，鼎盛于俄国，最终从俄国走向世界，先后形成了不同的各个流派。法国作为芭蕾的兴盛地，早在路易十四执政时期就建立了世界上第一所正规的芭蕾教育机构——皇家舞蹈学院（学院建立于1661年，手和脚的五个位置定型于1700年）。这所学院形成的芭蕾的手的五个位置（在之后的发展中，芭蕾的手的位置由五个发展成七个）和脚的五个位置以及一些固定的舞姿和审美标准、美学原则一直沿用至今。

1. 芭蕾的基本手形

芭蕾基本手形的做法有两种，分别如下：

（1）第一种做法

手掌平摊，四指（食指、中指、无名指和小拇指）并拢，拇指张开；然后，拇指向内侧关回；接着，食指向外侧张开，放松手掌和手指并微微向里弯曲，形成芭蕾手形。此时，从中指指尖经过掌心到达拇指指尖形成一个圆弧形（图3-1至图3-3）。

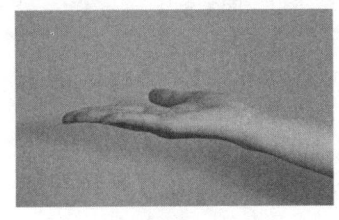 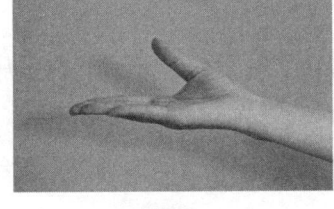 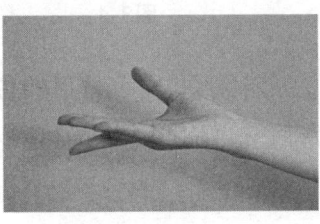

图3-1　　　　　　　　　图3-2　　　　　　　　　图3-3

（2）第二种做法

一手成掌，一手握拳；然后，手掌抱拳，形成中国传统行礼中作揖的手势；接着，拳头向下脱落，保持手掌弯曲的状态；最后，食指微微向外侧张开，形成芭蕾手形。同样，从中指指尖经过掌心到达拇指指尖形成一个圆弧形。

2. 芭蕾的基本手位

芭蕾的七个基本手位，做法如下：

一位手，双手放置在胯根的前方，小拇指不要紧贴胯根；两手指尖相对，距离大约为10厘米；腋下微微张开，两肘在朝旁的基础上微微向前；两个手臂形成一个椭圆形，肩、肘、腕在一条弧线上，如果从肩膀上向下滴水，可以顺着手臂经过肘、腕从中指指尖滴落而下（图3-4）。

二位手，保持一位手的位置，以大臂为动力带动小臂及手指向上抬起至横膈肌的前方（胸部的下方），形成二位手。此时，双臂仍为椭圆形，指尖相对，切忌双臂伸直或棱角太大（图3-5）。

三位手，在二位手的位置上，继续以大臂为动力带动小臂及手指向上抬起至额头的斜上方，手心对准自己的眼睛。此时，即使不抬头，只抬眼睛，也可以看到双手；同时，双臂仍为椭圆形，指尖相对（图3-6）。

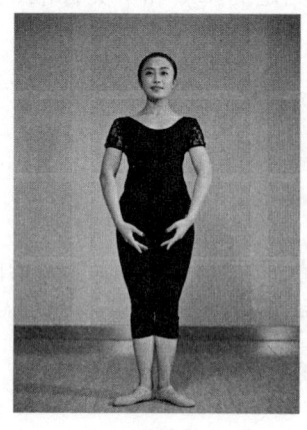
图3-4
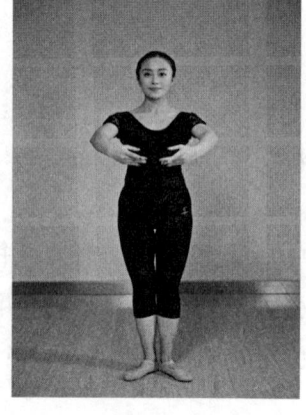
图3-5

图3-6

四位手,在三位手的位置上,左手保持不动,右手从三位手的位置经身体前方落回至二位手的位置(图3-7)。

五位手,在左手依然保持三位手不动的基础上,右手从二位手向旁打开到身体的2点位置(图3-8)。

六位手,在右手保持不动的基础上,左手从三位手的位置经身体前方落回至二位手的位置。当形成六位手后容易出现棱角过大的问题,这时,两个手臂应尽量向远打开,分别形成两个圆弧(图3-9)。

图3-7

图3-8

图3-9

七位手,继续保持右手不动,左手从二位手的位置上向旁打开到身体的8点位置。七位手形成后不要塌肘,应以大臂为动力把两个手臂及整个身体拎起来。此时,整个身体形成了一个"小宇宙",要能感受到气流从左手指尖进入,通过左手手臂，到身体，再到右手手臂，最后从右手指尖流出，整个气流的运动轨迹为圆弧形（图3-10）。

3. 芭蕾的基本脚位

芭蕾的五个基本脚位，做法如下：

一位脚，在双手扶把站位的基础上，双脚脚尖水平向外打开到180度，即脚跟靠拢的同时，双脚站成"一"字，脚尖与肩膀方向一致。对于播音与主持艺术专业的学生来说，由于受到身体软开度的限制，髋关节一般不能做到完全外开，这时只需要打开大八字即可（图3-11、图3-12）。

图3-10

图3-11

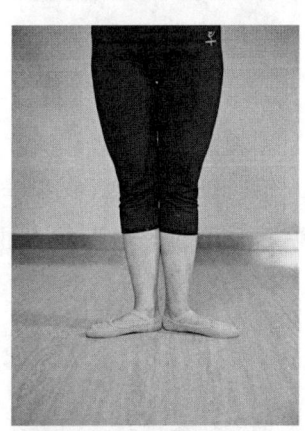

图3-12

二位脚，在一位脚的基础上，经过向旁的擦地动作，落脚，移重心至两腿之间，同时两脚脚跟之间相距一脚的距离（图3-13、图3-14）。

图3-13

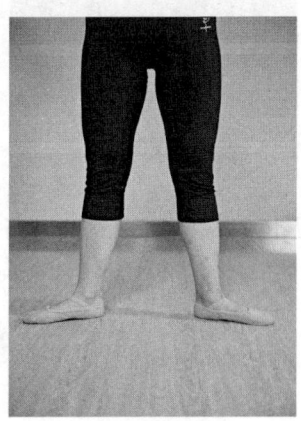

图3-14

三位脚，在二位脚的基础上，经过推动力脚的脚背，移重心至主力腿并擦地收回，两脚形成半重合状态。此时，前脚脚跟位于后脚脚心处，双脚互相贴紧（图3-15、图3-16）。

 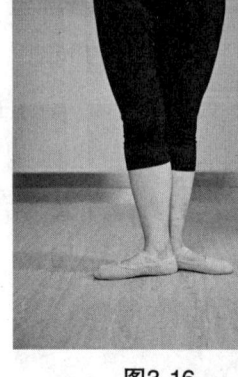

图3-15　　　　　　　　图3-16

五位脚，在三位脚的基础上，两脚完全重合。此时，前脚脚跟与后脚脚尖形成一条竖线，双脚贴紧并形成等号形状（图3-17、图3-18）。

图3-17　　　　　　　　图3-18

四位脚，在五位脚的基础上，经过向前的擦地动作，落脚，移重心至两腿之间，同时两脚之间相距一竖脚的距离（图3-19至图3-22）。

图3-19　　　　　图3-20

图3-21　　　　　图3-22

（二）直立芭蕾手位训练

1. 内在元素

以大臂为带动点带动小臂，感受身体的整体延伸。

2. 具体要求

（1）准备动作要规范

直立芭蕾手位训练是在中间站位的基础上完成的，具体要求如下：

双脚脚跟靠拢，脚掌向外打开，站成八字步并扎实有力地踩在地板上；

双腿伸直、夹紧并保持肌肉的紧绷状态，做到直膝绷腿；

臀部收紧、上提的同时腹部收回，做到提臀收腹；

腰部立起的同时整个后背的脊柱也要保持直立，肩胛骨下挂，后背舒展地打开

并向上拔起,做到拔背立腰;

双臂放松,自然下垂于身体两侧;

胸部挺起时不要憋气,做到呼吸放松、气沉丹田,同时抬起头部,做到抬头挺胸;

双肩放松打开的同时颈部向上立起,在立起的过程中要注意下颌内含,做到立颈含颌;

整个头部摆正的同时面部表情要自然、放松,双眼平视前方。

(2) 大臂带动要准确

在做动作的过程中,应以大臂为带动点,带动小臂及手指向上抬起或向下落回。

(3) 目光配合要体现

在做动作的过程中,有两次需要体现目光与动作的配合:第一次在四位手变五位手时体现,第二次在六位手变七位手时体现。在这两次手位变化的过程中,首先应做到眼随手动,即目光随着打开手的方向向外看出,再缓慢看回;其次要注意目光应放得远一些,看的是手的方向,而非盯着手看。

(4) 体态要求要保持

直立芭蕾手位训练的内在元素是,以大臂为带动点带动小臂,感受身体的整体延伸,所以在手位变化的过程中要始终注意延伸点的体现,并加强体态的控制。比如,在三位手落四位手时,左手在三位手的位置上保持不动,在右手从三位手向下落回至二位手的过程中,身体也很容易随之松懈,这时就需要加强上身的挺拔意识。

(5) 美感意识要体现

每一个身体都是独一无二的。

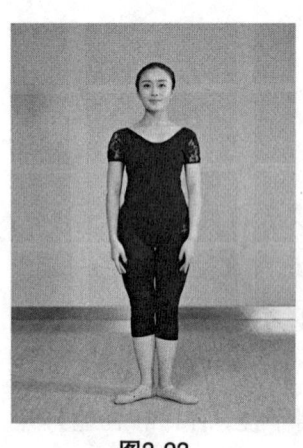

图3-23

手位变化的过程是一个内心与身体对话的过程,也是一个与手臂交流的过程,在对话与交流中要能够用心地倾听肢体的心声并细细地品味肢体的美感,从而建立起一种肢体的自信,培养一种由内而外的高雅气质。

3. 训练过程

(1) 准备动作

在八字步站位的基础上,用1个八拍准备。准备时双腿伸直,脚跟并拢,双臂放松,自然下垂于身体两侧,眼睛平视身体正前方(图3-23)。

（2）动作过程

在准备动作结束后，依次完成芭蕾的七个基本手位动作：

第1个八拍，以大臂为带动点带动双臂，从身体两侧到身体前方的胯根处，形成芭蕾的一位手；

第2个八拍，在一位手的位置上，继续以大臂为带动点带动小臂及手指向上抬起至横膈肌前方，形成芭蕾的二位手；

第3个八拍，在二位手的位置上，同样以大臂为带动点带动小臂及手指向上抬起至额头斜上方，形成芭蕾的三位手；

第4个八拍，在三位手的位置上，左手保持不动，右手从三位手的位置经身体前方落回至二位手的位置，形成芭蕾的四位手；

第5个八拍，在左手依然保持三位手不动的基础上，4拍（一、二、三、四）右手从二位向旁打开到身体的2点位置，同时眼随手动，在打开的过程中看右手方向，4拍（五、六、七、八）目光从2点的方向回至1点，形成芭蕾的五位手（图3-24、图3-25）；

图3-24　　　　　图3-25

第6个八拍，在右手保持不动的基础上，左手从三位手的位置经身体前方落回至二位手的位置，形成芭蕾的六位手；

第7个八拍，继续保持右手不动，4拍（一、二、三、四）左手从二位手的位置向旁打开到身体的8点位置，同时眼随手动，在打开的过程中看左手方向，4拍（五、六、七、八）目光从8点的方向回至1点，形成芭蕾的七位手（图3-26、图3-27）；

图3-26　　　　　　　图3-27

（3）结束动作

当芭蕾的七位手形成后，给1个八拍的结束音乐，4拍（一、二、三、四）进行手臂的呼吸，呼吸时眼睛看右手方向，4拍（五、六、七、八）手臂落回至身体两侧，目光回到身体正前方，结束训练（图3-28、图3-29）。

 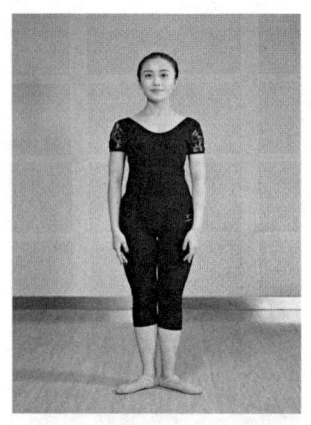

图3-28　　　　　　　图3-29

直立芭蕾手位训练音乐伴奏及曲谱[①]

（4）音乐伴奏

音乐的节拍：4/4。

音乐的时长：9个八拍。其中，准备动作1个八拍，动作过程7个八拍，结束动作1个八拍。

（三）盘坐芭蕾手位训练

盘坐芭蕾手位训练是坐在地面上完成的，它在直立芭蕾手位训练的基础上更

---

① 杨洪涛.芭蕾舞基本功训练钢琴伴奏曲选[M].北京：高等教育出版社，2004：58.

强调上半身的体态控制和延伸的美感，其动作过程与直立芭蕾手位训练的过程一样，只是在具体要求上略有不同。

盘坐芭蕾手位的训练可以加强上身体态对坐姿的控制，同时也为第二部分体态元素强化训练中"端庄文雅的坐姿"奠定坚实的基础。

1. 内在元素

以大臂为带动点带动小臂，感受上身的整体延伸。

2. 具体要求

（1）准备动作要规范

盘坐芭蕾手位训练是坐在地面上完成的，在准备动作中要做到如下要求：

双腿交叉盘坐，底盘要稳；

腰部立起，后背保持直立、挺拔的状态，做到拔背立腰；

颈部伸长的同时下颌内含，做到立颈含颌；

头部摆正的同时双眼平视前方；

双手打开到身体两侧的同时中指轻轻点地，而非用手掌撑地。

（2）体态要求要保持

就身体的支撑点来说，直立时身体的支撑点在双脚，而盘坐时虽然臀部坐于地面，但身体的支撑点却在尾椎与腰椎之间。相比之下，盘坐时支撑的力度和强度要明显高于直立时的力度和强度。所以在盘坐芭蕾手位训练的过程中，除了要做到手位动作的规范外，还应当格外增强体态的控制意识。

（3）其他要求要做到

除了做到上述两点外，在盘坐芭蕾手位训练的过程中也应该做到：以大臂为带动点；目光与动作相配合；肢体美感意识的树立。

3. 训练过程

（1）准备动作

双腿交叉盘坐在地板上，上身保持直立，双手打开到身体两侧的同时，中指轻轻点地。用1个八拍准备，准备时眼睛平视身体正前方（图3-30）。

（2）动作过程

在准备动作结束后，用7个八拍依次完成芭蕾的

图3-30

七个基本手位动作,动作过程与直立芭蕾手位训练的动作过程一样。

(3) 结束动作

当芭蕾的七位手形成后,给1个八拍的结束音乐,4拍(一、二、三、四)进行手臂的呼吸,呼吸时眼睛看右手方向,4拍(五、六、七、八)手臂落回至身体两侧,目光回到身体正前方,结束训练(图3-31、图3-32)。

图3-31

图2-32

(4) 音乐伴奏

盘坐芭蕾手位训练的音乐伴奏和直立芭蕾手位训练的音乐伴奏相同。

(四)移动、变位芭蕾手位训练

移动、变位芭蕾手位是在直立芭蕾手位训练的基础上结合脚位的变化而构成的一个复合型手位组合。在训练中既要感受身体的整体延伸,又要做到上下肢体的协调,同时在不断变化的脚位中保持重心的稳定。

1. 内在元素

以大臂为带动点带动小臂,感受身体的整体延伸和协调。

2. 具体要求

(1) 准备动作要规范

移动、变位芭蕾手位训练的准备动作与直立芭蕾手位训练略有不同,它在大八字站位的基础上直接形成芭蕾的一位手,身体在面向2点的同时头部和眼睛面向1点。在准备动作中,首先应当做到符合要求的站位;其次要注意一位手动作的规范;再次要找准身体和头部的方向;最后要有积极、饱满的状态。

(2) 移动重心要稳定

在做动作的过程中,因为脚位发生了变化,所以身体的重心也要随之发生变动。在进行重心移动的过程中,要保持身体的稳定,做到从容、淡定。

(3) 上下肢体要协调

在做动作的过程中,手位的变化与脚位的变化同时进行,所以在感受身体整体延伸的基础上还要注意上肢与下肢的协调；同时也要兼顾目光的变化，做到身体整体的协调。

（4）身体方位要找准

从准备动作开始，身体与头部的方向就不在一个空间点，在做动作的过程中，身体的方位更是进行了多次变化，所以应当找准每一个动作的具体方位，做到清晰、准确。

（5）其他要求要做到

除了做到上述几点要求外，在移动、变位芭蕾手位训练的过程中也应该做到：以大臂为带动点；目光与动作相配合；肢体美感意识的树立。

3. 训练过程

（1）准备动作

在芭蕾五位脚站位的基础上，形成芭蕾的一位手，身体面向2点，头部和眼睛面向1点，用1个八拍准备（图3-33）。

图3-33

（2）动作过程

在准备动作结束后，依次完成移动、变位芭蕾手位训练的动作：

第1个八拍，手从一位抬起至二位的同时右脚擦地到前，重心在主力腿（左腿）上，右脚尖前点地（图3-34）；

第2个八拍，二位手保持不动，经过一个半蹲的动作，移动重心至两腿之间，形成四位的半蹲动作（图3-35）；

第3个八拍，手从二位抬起至三位的同时，双腿伸直并移动重心至前腿（右腿）上，左脚尖后点地（图3-36）；

图3-34

图3-35

图3-36

第4个八拍，手从三位落回至四位的同时，后脚（左脚）擦地收回至一位，重心再次回到两腿之间（图3-37）；

第5个八拍，手从四位打开至五位（打开的过程中，眼随手动，四拍看出，四拍看回）的同时，右脚擦地到旁，重心在主力腿（左腿）上，右脚尖旁点地（图3-38、图3-39）；

图3-37　　　　　　　　图3-38　　　　　　　　图3-39

第6个八拍，手从五位落回至六位的同时落右脚，移动重心至两腿之间，形成芭蕾的二位脚（图3-40）。

第7个八拍，手从六位打开至七位（打开的过程中，眼随手动，四拍看出，四拍看回）的同时，推起左脚脚背，重心移动到主力腿（右腿）上，左脚尖旁点地（图3-41、图3-42）。

图3-40　　　　　　　　图3-41　　　　　　　　图3-42

（3）结束动作

给1个八拍的结束音乐，2拍（一、二）进行手臂的呼吸，呼吸时眼睛看左手的方向；2拍（三、四）左脚擦地收回至右脚前方，形成芭蕾的五位脚；2拍（五、六）做五位的半蹲动作；2拍（七、八）回到直立的状态，结束时保持一位手、五位脚的姿态，同时身体面向2点，头部和眼睛面向1点（图3-43至图3-46）。

图3-43

图3-44

图3-45

图3-46

（4）音乐伴奏

移动、变位芭蕾手位训练的音乐伴奏和直立芭蕾手位训练的音乐伴奏相同。

第二节　中国古典舞韵律与表现训练

中国古典舞起源于中国古代，历史悠久，博大精深，是中华民族文化的艺术结晶。作为我国舞蹈艺术中的一个类别，中国古典舞是在民间传统舞蹈的基础上，经过历代专业工作者的提炼、整理、加工、创造，并经过较长时期艺术实践的检验而流传下来的，具有典范意义和古典风格的特色舞蹈。

中国古典舞训练取自中国古代舞蹈中的精粹部分，是从中国传统的戏曲和武术中提取舞蹈素材，并参考西方芭蕾舞的训练方法而形成的一套以"基本功"训练为基础、以"身韵"训练为核心的教学体系。在不断的发展过程中，中国古典舞逐步形成了细腻圆润、刚柔并济、情景交融、技艺结合，以及精、气、神与手、眼、身、法、步高度统一的美学风格。

一、本节的训练目的

本节通过中国古典舞手、眼、身、法、步的训练可以使人树立刚健挺拔、含蓄柔韧的美感意识，从而增强肢体的表现意识并实现内在精、气、神的高度统一。

二、本节的训练特点

第一，以中国古典舞基本训练为基础。

第二，以中国古典舞身韵为训练核心。

第三，以动作组合为训练形式。

第四，以钢琴伴奏为训练音乐。

第五，三个动作组合环环相扣，前一个组合是后一个组合训练的基础，后一个组合是前一个组合训练的延续，三个动作组合有机地形成一个整体，共同构成本节的训练内容。

第六，三个动作组合分别从内在元素、具体要求和训练过程三个方面展开。其中，内在元素是内在感受的体现；具体要求是在动作组合完成的过程中所要满足的具体的要求；训练过程结合音乐伴奏进行，由于受到训练过程动态的特点和文字表述的局限性影响，在对其进行详细描述和记录的同时也会使用图片、二维码等进行补充说明。

第七，因为播音与主持艺术专业的学生不具备专业舞蹈的训练功底，所以应适当降低组合的难度，但在具体的要求上同样要严格、规范，重在增强内在元素的感受。

三、本节的训练内容

本节的中国古典舞训练结合第二章第二节身体的呼吸训练的基本内容,从中国古典舞的基本手位和脚位入手,进行中国古典舞的基本手位、基本脚位和基本舞姿三个动作的组合训练。

(一)中国古典舞的基本手位和脚位

1. 中国古典舞的基本手形

中国古典舞的基本手形包括掌、拳、指。男生与女生的做法各有不同,具体如下:

(1)掌

①男生虎口掌

首先,手掌平摊,四指(食指、中指、无名指和小拇指)并拢,拇指张开;其次,拇指向内侧关回;最后,手臂架起,手掌边缘向外推出,形成虎口掌(图3-47至图3-49)。

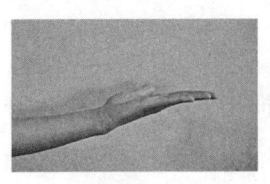
图3-47
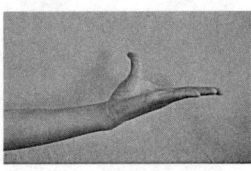
图3-48

图3-49

②女生兰花指

首先,手掌平摊,四指(食指、中指、无名指和小拇指)并拢,拇指张开;其次,中指向内侧顶回;再次,用拇指指面去找中指的第二个指节,并与中指保持1—2厘米的间距;最后,转动手掌,手臂架起,手掌边缘向外推出,形成兰花指(图3-50至图3-53)。

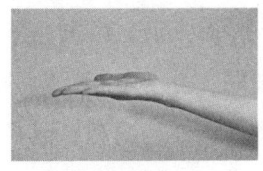
图3-50
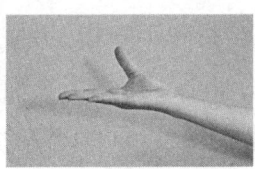
图3-51
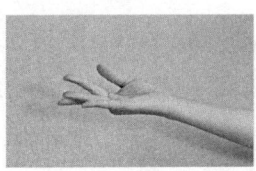
图3-52
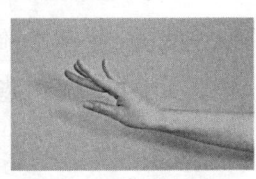
图3-53

（2）拳

①男生握拳

首先，手掌平摊，四指（食指、中指、无名指和小拇指）并拢，拇指张开；其次，四指（食指、中指、无名指和小拇指）向内侧蜷缩；再次，用拇指指面去贴四指（食指、中指、无名指和小拇指）的指甲盖；最后，转动手臂并架起，形成男生握拳式（图3-54至图3-57）。

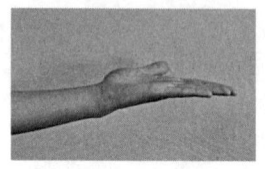 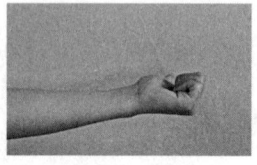 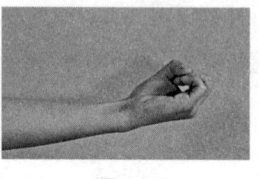 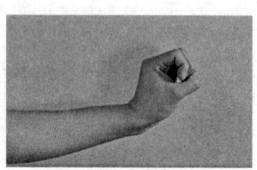

图3-54　　　　　图3-55　　　　　图3-56　　　　　图3-57

②女生握拳

在男生握拳式的基础上，小拇指微微向上翘起，与无名指错开一个指节的间距，形成女生握拳式（图3-58）。

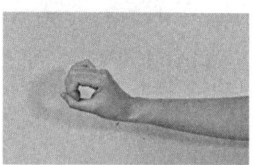

图3-58

（3）指

①男生剑指

首先，手掌平摊，四指（食指、中指、无名指和小拇指）并拢，拇指张开；其次，无名指和小拇指向内侧蜷缩；再次，用拇指指面去贴无名指和小拇指的指甲盖；最后，转动手臂并架起，形成男生剑指（图3-59至图3-62）。

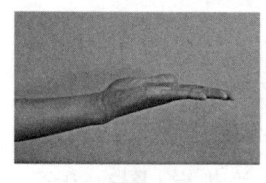 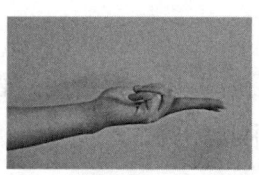 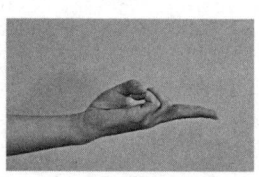 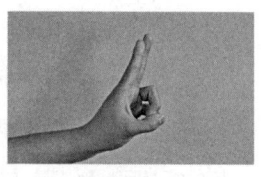

图3-59　　　　　图3-60　　　　　图3-61　　　　　图3-62

②女生单指

首先，手掌平摊，四指（食指、中指、无名指和小拇指）并拢，拇指张开；其次，三指（中指、无名指和小拇指）向内侧蜷缩；再次，用拇指指面去贴三指（中指、无名指和小拇指）的指甲盖；最后，转动手臂并架起，同时小拇指微微向上翘起，形成女生单指（图3-63至图3-66）。

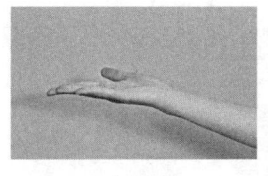 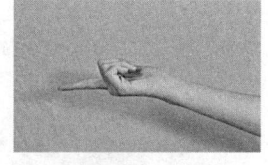 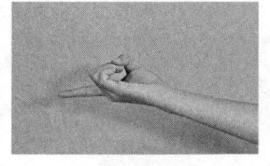 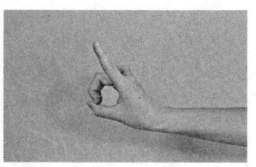

图3-63　　　　　图3-64　　　　　图3-65　　　　　图3-66

2. 中国古典舞的基本手位

（1）准备位

①自然位

在八字步站位的基础上，双手放松，下垂于身体两侧，形成自然位（图3-67）。

②背手位

一般女生准备时多用背手位。做法是，在八字步站位的基础上，双手形成兰花指，手背贴于腰部下方、臀部上方的位置。注意不要折腕，肘关节朝向身体两侧（图3-68）。

③叉腰位

一般男生准备时多用叉腰位。做法是，在八字步站位的基础上，双手形成虎口掌，掌心贴于腰部两侧（图3-69）。

  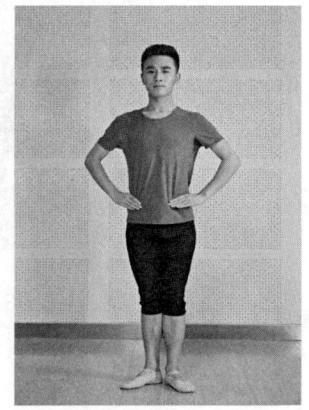

图3-67　　　　　图3-68　　　　　图3-69

（2）基本手位

①山膀

● 单山膀

男生形成虎口掌，女生形成兰花指。单臂架起一个圆，向身体的侧面抻开，形成单山膀（图3-70、图3-71）。

图3-70　　　　　　　图3-71

● 双山膀

男生形成虎口掌，女生形成兰花指。双臂架起一个圆，向身体的两侧抻开，形成双山膀（图3-72、图3-73）。

图3-72　　　　　　　图3-73

②按掌

● 单按掌

男生形成虎口掌，女生形成兰花指。手腕按于身体横膈肌前方，手与身体保持一小臂的距离，形成单按掌（图3-74、图3-75）。

图3-74　　　　　　图3-75

● 双按掌

男生形成虎口掌，女生形成兰花指。双手的手腕交叉叠加在一起，按于身体横膈肌前方，双手与身体保持一小臂的距离，形成双按掌（图3-76、图3-77）。

图3-76　　　　　　图3-77

③托掌

● 单托掌

男生形成虎口掌，女生形成兰花指。单臂抬起至头部上方，掌心朝上，手臂架起一个圆，手腕向上托起，形成单托掌。注意单托掌时不要折腕（图3-78、图3-79）。

● 双托掌

男生形成虎口掌，女生形成兰花指。双臂抬起至头部上方，掌心朝上，双臂架起一个圆,手腕向上托起,形成双托掌。注意双托掌时两手指尖保持10厘米的间距,并且不要折腕(图3-80、图3-81)。

④顺风旗

男生形成虎口掌,女生形成兰花指。一手保持托掌位,一手保持单山膀,形成顺风旗(又名托掌山膀)(图3-82、图3-83)。

图3-78　　　　　　图3-79

图3-80　　　　　　图3-81

图3-82　　　　　　图3-83

⑤扬掌

在顺风旗的基础上,转动手臂,掌心朝内,形成扬掌(图3-84、图3-85)。

⑥按掌单山膀

男生形成虎口掌,女生形成兰花指。一手保持按掌位,一手保持单山膀,形成按掌单山膀(图3-86、图3-87)。

图3-84　　　　　　图3-85

图3-86　　　　　　图3-87

⑦托按掌

男生形成虎口掌,女生形成兰花指。一手保持托掌位,一手保持按掌位,形成托按掌(图3-88、图3-89)。

图3-88

图3-89

⑧提襟

双手形成握拳式,双臂架于身体两侧,形成一个圆,拳眼朝向身体,形成提襟。注意提襟时拳眼与身体保持30厘米的距离,同时注意不要提肘(图3-90、图3-91)。

图3-90

图3-91

3. 中国古典舞的基本脚位

(1)正步

双脚完全并拢,脚尖朝向身体正前方,形成正步(图3-92)。

(2)八字步

双脚在完全并拢的基础上,脚尖向两侧打开45度角,形成八字步(图3-93)。

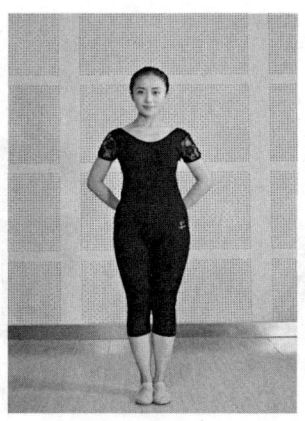 

图3-92　　　　　　　图3-93

（3）丁字步

一脚的脚跟靠向另一脚的脚心，两脚垂直，形成丁字步（图3-94）。

（4）后踏步

在丁字步的基础上，后脚伸出并用脚掌踏地，两膝夹紧，形成后踏步（图3-95）。

图3-94　　　　　　　图3-95

（5）点步

在八字步的基础上，动力脚擦地到前形成前点步；动力脚擦地到旁形成旁点步；动力腿擦地到后形成后点步（图3-96至图3-98）。

图3-96　　　　　　　图3-97　　　　　　　图3-98

（6）大掖步

在后踏步的基础上，前腿（主力腿）弯曲至半蹲位置，后腿拉长并向后伸直，脚背点地，同时身体向外侧拧转并掖回腿部，形成大掖步（图3-99）。

（7）弓步

在旁点步的基础上，动力腿向旁滑出并屈膝至半蹲位置，后腿拉长并伸直，形成弓步（图3-100、图3-101）。

图3-99　　　　　　　图3-100　　　　　　　图3-101

（二）中国古典舞基本手位训练

1. 内在元素

在手位变化的过程中实现身体内在精、气、神的统一。

2. 具体要求

（1）准备动作要规范

中国古典舞基本手位训练是在丁字步站位的基础上完成的，具体要求如下：

面向身体的2点方向，左脚脚跟靠于右脚脚心处，站成丁字步并扎实有力地踩在地板上；

双腿伸直、夹紧并保持肌肉的紧绷状态，做到直膝绷腿；

臀部收紧、上提的同时腹部收回，做到提臀收腹；

腰部立起的同时整个后背的脊柱也要保持直立，肩胛骨下挂，后背舒展地打开并向上拔起，做到拔背立腰；

男生双手叉腰，女生双手后背，注意肘关节朝向身体两侧；

胸部挺起时不要憋气，做到呼吸放松、气沉丹田，同时抬起头部，做到抬头挺胸；

双肩放松打开的同时颈部向上立起，在立起的过程中要注意下颌内含，做到立颈含颌；

整个头部摆正的同时面部表情要积极、饱满，双眼聚神，平视1点的正前方。

（2）路线"舍近"要"求远"

在手位变化的过程中，要遵循"舍近求远"的原则。比如，要做一个拉山膀的动作，不是直接拉到位，而是要先经过下方，从旁再拉起。不直接到位就是"舍近"，从下方再到旁的过程就是"求远"。在"求远"过程中还要去找寻一个"圆"的路线，这也恰恰体现了中国古典舞"圆、曲、倾、拧"的美学原则。所以，在做动作的过程中应做到"舍近求远，远中求圆"。

（3）亮相动作要利落

亮相是戏曲中的一种表演动作，在京剧中叫"八答仓"。亮相是主要角色上场时、下场前，或者是一段舞蹈动作完毕后的一个短促停顿，采用一种类似于雕塑的姿势集中而突出地显示出角色的精神状态。还有一种是在一段武打完毕后，敌我双方各自亮相，战败一方的"亮相"被称为"败式"。

在中国古典舞基本手位的训练中，每一次手位形成前都要完成一个亮相动作，并且要做到干脆、利落。

（4）目光路线要清晰

一般情况下，在手位变化的过程中要做到"眼随手动"。所谓"眼随手动"，并非眼睛盯着手看，而是要做到眼睛跟随手的路线而动，有时在看的过程中还需要用余光看，做到眼神的"虚实结合"。

（5）身体体态要保持

在手位变化的过程中，虽然大多时候注意力会集中在手上，但身体的姿态同样要保持。无论手位如何变化，身体的站位及其他部位的动作都要做到规范。

（6）内在感受要饱满

从准备动作到每一次手位的变化再到结束动作都应当具备积极、饱满的精神状态，并加强内在的感受能力，同时在音乐的配合下实现身体内在精、气、神的统一。

3. 训练过程

（1）准备动作

身体面向2点方向，丁字步站立（左脚在前），头部和眼睛面向1点方向，男生做叉腰手，女生做后背手，用1个八拍准备。

（2）动作过程

用4拍，做单山膀。右手从背手（叉腰）的位置经身体下方到旁拉起至身体右侧山膀的位置，经过一个亮相动作形成单山膀。做动作的过程中，眼随手动，亮相时，眼睛看1点的位置。

用4拍，做按掌。右手从山膀的位置向下落回，再从身体的前方抬起至按掌的位置，经过一个亮相动作形成按掌。做动作的过程中，眼随手动，亮相时，眼睛看1点的位置。

用1个八拍，做托掌。右手从按掌的位置经身体下方到旁再抬起至头部上方托掌的位置，经过一个亮相的动作形成托掌。做动作的过程中，眼随手动，亮相时，眼睛看1点的位置。

用1个八拍，再做单山膀。右手从托掌的位置先向内侧转动手掌使掌心朝里，然后经过下切的动作到横膈肌前方，接着继续转动手掌使掌心朝外，形成按掌，再向旁推出至山膀的位置，经过一个亮相的动作再一次形成单山膀。做动作的过程中，眼随手动，亮相时，眼睛看1点的位置。

用4拍，做双山膀。在右手保持单山膀的基础上，左手从背手（叉腰）的位置经身体下方到旁拉起至身体左侧山膀的位置，经过一个亮相的动作形成双山膀。做动作的过程中，眼随手动，亮相时，眼睛看2点的位置。

用1个八拍，做顺风旗。在双山膀的基础上，右手从山膀向上抬起至托掌的位置，然后转动手腕向下切回，再一次从旁拉起至托掌的位置，经过一个亮相的动作，形成顺风旗。做动作的过程中,眼随手动,亮相时,眼睛看1点的位置,同时上身从2点向左转回至1点。

用1个八拍,做按掌单山膀。在顺风旗的基础上,双手同时下落,右手从托掌的位置落回至单山膀,左手从单山膀的位置落至身体下方,再经身体前方向上抬起至按掌的位置,经过一个亮相的动作,双手形成按掌单山膀。做动作的过程中,眼随手(右手)动,亮相时,眼睛从右侧看向1点的位置。

用1个八拍,做双按掌。在按掌单山膀的基础上,经过一个双晃手(手臂在放松的基础上,双手从右旁到下方、到左旁、到上方、再到右旁,做一个顺时针环动的动作,右手腕收于左手腕下方)的动作过程到达双按掌(左手在上)的位置,经过一个亮相的动作,双手形成双按掌。做动作的过程中,眼随手动,亮相时,眼睛看8点的上方位置。

用1个八拍,做扬掌。在双按掌的基础上,双手向下落回,再从两侧拉起至顺风旗的位置(右手托掌,左手山膀),然后转动手臂,使掌心朝里,同时仰头看8点的上方位置,形成扬掌。做动作的过程中,眼睛跟随双手的下落先看右侧腋窝下方,亮相时,再看8点的上方位置。

用1个八拍,做双托掌。在扬掌的基础上,左手从山膀的位置向上抬起至头部上方,双手手腕交叉,从上方向下落回,再从身体的两侧向上拉起至托掌的位置,经过一个亮相的动作,形成双托掌。做动作的过程中,眼睛跟随双手的下落先看右侧腋窝下方,亮相时,再看1点的位置。

(3)结束动作

最后用1个八拍,做提襟。

当形成双托掌后,给1个八拍的结束音乐。双手从托掌的位置由旁落回至身体两侧,双手握拳,向旁拉开,形成提襟,并结束训练。在做结束动作的过程中,眼睛跟随双手的下落先看身体的右侧,亮相时再看1点的位置。

(4)音乐伴奏

音乐的节拍:4/4。

音乐的时长:10个半八拍。其中,准备动作1个八拍;动作过程8个半八拍;结束动作1个八拍。

中国古典舞基本手位训练音乐伴奏及曲谱[①]

---

① 北京舞蹈学院钢琴教研室.中国古典舞基训钢琴伴奏曲选[M].北京:人民音乐出版社,1984:105.

(三)中国古典舞基本脚位训练

1. 内在元素

在脚位变化的过程中实现身体内在精、气、神的统一。

2. 具体要求

(1)准备动作要规范

中国古典舞基本脚位训练是在正步站位的基础上完成的,具体要求如下:

面向身体的1点方向,双脚完全并拢,站成正步并扎实有力地踩在地板上;

双腿伸直、夹紧并保持肌肉的紧绷状态,做到直膝绷腿;

臀部收紧、上提的同时腹部收回,做到提臀收腹;

腰部立起的同时整个后背的脊柱也要保持直立,肩胛骨下挂,后背舒展打开并向上拔起,做到拔背立腰;

男生双手叉腰,女生双手后背,注意肘关节朝向身体两侧;

胸部挺起时不要憋气,做到呼吸放松、气沉丹田,同时抬起头部,做到抬头挺胸;

双肩放松打开的同时颈部向上立起,在立起的过程中要注意下颌内含,做到立颈含颌;

整个头部摆正的同时面部表情要积极、饱满,双眼聚神,平视1点的正前方。

(2)脚位动作要"干净"

所谓"干净",是指做动作时清晰明了、果断利落、不拖泥带水。在脚位变化的过程中,每一个脚位的形成也应当做到干净、利落。

(3)目光路线要清晰

在脚位变化的过程中,除了做大掖步和弓步时眼睛分别看8点和3点的上方位置外,做其他脚位时眼睛应当平视1点的前方位置。在动作的训练中,要能够清楚眼睛的路线,并做到眼睛的路线与动作相协调。

(4)其他要求要做到

除了做到上述几点外,在脚位变化的过程中,也要注意体态的保持和精神状态的饱满,并加强内在的感受能力,同时在音乐的配合下实现身体内在精、气、神的统一。

3. 训练过程

（1）准备动作

身体面向1点方向，正步站立，眼睛看身体的正前方，男生做叉腰手，女生做后背手，用1个八拍准备。

（2）动作过程

第1个八拍，4拍（一、二、三、四）在脚跟靠拢的基础上，脚尖向两侧分开45度，从正步变成八字步；4拍（五、六、七、八）转动身体至2点位置，同时右脚脚心靠向左脚脚跟，形成丁字步。

第2个八拍，4拍（一、二、三、四）在丁字步的基础上，右脚脚掌向后踏地，同时两膝夹紧，形成后踏步；4拍（五、六、七、八）移动重心至后腿（右腿），同时两腿伸直，前脚（左脚）脚尖点地，形成前点步。

第3个八拍，4拍（一、二、三、四）在前点步的基础上，主力腿（右腿）膝盖弯曲，动力脚（左脚）向前擦出，形成虚步；4拍（五、六、七、八）重心移动至前腿（左腿）的同时两膝夹紧，再次形成后踏步。

第4个八拍，4拍（一、二、三、四）在后踏步的基础上，动力腿（右腿）的小腿向上抬起45度，同时绷脚背，两膝夹紧，形成小射雁的舞姿动作（图3-102）；2拍（五、六）在小射雁的舞姿基础上，右脚下落，形成后点地，然后左腿弯曲至半蹲的位置，同时后腿拉长并向后伸直，用脚背点地；2拍（七、八）身体向外侧拧转并掖回腿部，同时眼睛从1点看向8点上方位置，形成大掖步。

图3-102

第5个八拍，4拍（一、二、三、四）在大掖步的基础上，收后腿至丁字步，注意在收腿时要直膝；4拍（五、六、七、八）在丁字步的基础上，右脚向旁擦出并点地，形成旁点步。

（3）结束动作

在右脚旁点步的基础上，给1个八拍的结束音乐。4拍（一、二、三、四）动力腿（右腿）向旁滑出并弯曲膝盖至半蹲的位置，同时后腿拉长并伸直，身体由1点转向3点，眼睛看向3点前方，形成右弓步；2拍（五、六）在弓步的基础上，推重心至主力腿（左腿），同时右脚经过擦地收回至正步，身体从3点转向1点；1拍（七）身体保持不动；最后1拍（八）从正步变为八字步，结束训练。

中国古典舞基本脚位训练音乐伴奏及曲谱[①]

（4）音乐伴奏

音乐的节拍：2/4。

音乐的时长：7个八拍。其中，准备动作1个八拍，动作过程5个八拍，结束动作1个八拍。

（四）中国古典舞基本舞姿训练

中国古典舞基本舞姿训练是结合了中国古典舞基本手位与脚位的一个综合性练习。对于播音与主持艺术专业的学生来说，组合训练的难度不宜过大，所以在训练中仅仅只是把手位与脚位结合起来，在熟悉的动作中经过二者简单的组合来达到最佳的训练效果。

1. 内在元素

在做动作的过程中感受身体的协调性并实现身体内在精、气、神的统一。

2. 具体要求

（1）准备动作要规范

中国古典舞基本舞姿训练是在丁字步站位的基础上完成的，站位的要求详见"中国古典舞基本手位训练"。

（2）身体协调要体现

在中国古典舞基本舞姿训练的动作过程中，手位与脚位动作的配合体现出身体整体的协调性。

（3）其他要求要做到

除了做到上述两点外，在动作变化的过程中，也要做到：

手位变化遵循"舍近求远，远中求圆"的原则；

亮相动作要利落；

眼睛路线要清晰；

脚位动作要干净；

身体体态要保持；

精神状态要饱满；

内在感受要充分。

---

① 北京舞蹈学院钢琴教研室. 中国古典舞基训钢琴伴奏曲选[M]. 北京：人民音乐出版社，1984：78.

同时，在音乐的配合下实现身体内在精、气、神的统一。

3. 训练过程

（1）准备动作

中国古典舞基本舞姿训练的准备动作与中国古典舞基本手位训练的准备动作一致，都是身体面向2点方向，丁字步站立（左脚在前），头部和眼睛面向1点方向，男生做叉腰手，女生做后背手，用1个八拍准备。

（2）动作过程

用4拍，做丁字步单山膀。右手从背手（叉腰）的位置经身体下方到旁拉起至身体右侧山膀的位置，经过一个亮相的动作形成单山膀。做动作的过程中，眼随手动，亮相时眼睛看1点的位置。

用4拍，做丁字步按掌。右手从山膀的位置向下落回，再从身体的前方抬起至按掌的位置，经过一个亮相的动作形成按掌。做动作的过程中，眼随手动，亮相时眼睛看1点的位置。

用1个八拍，做丁字步托掌。右手从按掌的位置先转动手腕，掌心朝上，向身体右侧转动的同时主力腿（右腿）弯曲，动力腿（左腿）勾脚伸直并向上抬起25度；左脚落下的同时右脚向前一步，用脚心靠向左脚的脚跟，形成丁字步，右手从身体右侧下方经旁抬起至头部上方，经过一个亮相的动作形成托掌。做动作的过程中，眼随手动，亮相时，眼睛看1点的位置（图3-103至图3-108）。

图3-103

图3-104

图3-105

图3-106　　　　　　图3-107　　　　　　图3-108

　　用1个八拍，做丁字步单山膀。从托掌的位置先转动右手手掌，使掌心朝内，经过下切的动作到横膈膜前方，接着继续转动手掌使掌心朝外，形成按掌，再向旁推出至山膀的位置，经过一个亮相的动作再一次形成单山膀。做动作的过程中，眼随手动，亮相时眼睛看1点的位置。

　　用4拍，做后踏步双山膀。在右手保持单山膀的基础上，左手从背手（叉腰）的位置经身体下方到旁拉起至身体左侧山膀的位置，经过一个亮相的动作形成双山膀；亮相时，右脚从丁字步的位置向后踏地，形成后踏步。做动作的过程中，眼随手动，亮相时眼睛看2点的位置（图3-109、图3-110）。

图3-109　　　　　　图3-110

　　用1个八拍，做前点步顺风旗。在后踏步双山膀的基础上，右手从山膀向上抬起至托掌的位置，然后转动手腕向下切回，再一次从旁拉起至托掌的位置，经过一个亮相的动作，形成顺风旗；在亮相时，移动重心至后腿（右腿），同时两腿伸直，前脚（左脚）脚尖点地,形成前点步。做动作的过程中,眼随手动,亮相时眼睛看1点的位置,同时上身从2点位置向左转回至1点位置(图3-111、图3-112)。

图3-111　　　　　　　图3-112

用1个八拍,做虚步按掌单山膀。在前点步顺风旗的基础上,双手同时下落,右手从托掌的位置落回至单山膀,左手从单山膀的位置落至身体下方,再经身体前方向上抬起至按掌的位置,经过一个亮相的动作,双手形成按掌单山膀;在亮相时,主力腿(右腿)弯曲,动力脚(左脚)向前擦出,形成虚步。做动作的过程中,眼随手(右手)动,亮相时眼睛从右侧看向1点方向(图3-113、图3-114)。

图3-113　　　　　　　图3-114

用1个八拍,女生做小射雁双按掌。在虚步按掌单山膀的基础上,经过一个双晃手(胸前小双晃手)的动作到双按掌(右手在上)的位置,经过一个亮相的动作,双手形成双按掌;在亮相时,重心先移动至前腿(左腿),同时两膝夹紧,形成后踏步,然后再将动力腿(右腿)的小腿向上抬起45度,同时绷脚背,两膝夹紧,形成小射雁的舞姿动作。做动作的过程中,眼随手动,亮相时眼睛看8点的上方位置(图3-115、图3-116)。

图3-115　　　　　　　图3-116

男生做右弓步双按掌。在虚步按掌单山膀的基础上,经过一个双晃手(身前大双晃手)的动作到双按掌(左手在上)的位置;在双晃手的动作过程中,脚下重心向前移至左腿,在左腿伸直的基础上,右腿屈膝开胯,并用右脚的脚尖点到左腿的小腿侧方;然后经过一个亮相的动作,双手形成双按掌;亮相时,右脚向旁落地,形成右弓步。做动作的过程中,眼随手动,亮相时眼睛看8点的上方位置(图3-117、图3-118)。

图3-117　　　　　　　图3-118

用1个八拍,做大掖步扬掌。女生在小射雁双按掌的基础上,双手向下落回,再从两侧拉起至顺风旗的位置(右手托掌,左手山膀),同时右脚下落,形成后点地,左腿弯曲至半蹲位置的同时,后腿拉长并向后伸直,用脚背点地;接着转动手臂,使掌心朝里，同时身体向左侧拧转并掖回腿部，眼睛从右腋窝下方看向8点上方位置，形成大掖步扬掌（图3-119）。

男生在右弓步双按掌的基础上，双手向下落回，再从两侧拉起至顺风旗的位置（右手托掌，左手山膀），同时脚下重心从右弓步移至左腿形成大掖步；接着转动手臂，使掌心朝里，同时身体向左侧拧转并掖回腿部，眼睛从右腋窝下方看向8点上方位置，形成大掖步扬掌（图3-120）。

图3-119　　　　　　图3-120

用1个八拍，做丁字步双托掌。在大掖步扬掌的基础上，左手从山膀的位置向上抬起至头部上方，双手手腕交叉，从上方向下落回，再从身体的两侧向上拉起至托掌的位置，经过一个亮相的动作，形成双托掌；在亮相时，后腿从大掖步收至丁字步。做动作的过程中，眼睛跟随双手的下落先看右侧腋窝下方，亮相时再看1点的位置（图3-121、图3-122）。

图3-121　　　　　　图3-122

（3）结束动作

最后用1个八拍，做丁字步提襟。

形成丁字步双托掌后，给1个八拍的结束音乐。双手从托掌的位置由旁落回至身体两侧，双手握拳，向旁拉开，形成提襟，并结束训练。做结束动作的过程中，眼睛跟随双手的下落先看身体的右侧，亮相时再看1点的位置。

（4）音乐伴奏

中国古典舞基本舞姿训练的音乐伴奏和中国古典舞基本手位训练的音乐伴奏相同。

（五）中国古典舞综合训练

在进行完前几部分的训练后，授课教师可以结合第二章第二节身体的呼吸训练中的中国古典舞身韵元素进行自编组合的训练。在组合的编排上要注意以下几点要求：

第一，组合的动作不宜过于复杂，难度不宜过大；

第二，组合的时间不宜过长，一般在两分钟之内为宜；

第三，因材施教，根据学生具体的接受情况灵活调整舞蹈动作。

也可以学习一些影视剧中的古典舞片段，如《甄嬛传》当中的"惊鸿舞"等，既可以激发学生的学习兴趣，也可以取得很好的训练效果。

第三节　其他舞种韵律与表现训练

通过本章前两节的学习，学生对芭蕾舞和中国古典舞这两种不同风格的舞种有了一定的了解。通过训练，学生在动作规范的基础上掌握其中的韵律特点，树立起肢体的美感意识及动作的表现意识。

本节内容属于形体基础训练的扩展部分，授课教师可以把自身擅长的舞种、教学大纲的设定与授课学时等具体情况结合起来灵活地开展本节的教学训练。例如，在训练中可以结合中国民间舞或现代舞的形式及内容进一步让学生掌握本章形体训练的要求。

在本节中，对中国民间舞和现代舞的具体训练不做过多介绍，仅针对播音与主持艺术专业的学生提供一些切实可行的训练思路和方法。

一、中国民间舞韵律与表现训练

民间舞,是在一个民族或地区的物质文明与精神文明的发展过程中,由劳动群众直接创作,又在群众中进行传承,而且仍在流传的舞蹈形式。[1]它根植于广大群众的社会生活,反映着群众的生活、思想感情、理想愿望,是人民群众智慧的结晶。[2]

中国地域辽阔、历史悠久,是一个由56个民族组成的统一的多民族国家。每一个民族都有属于自己的民间舞蹈,比如汉族民间舞蹈、蒙古族民间舞蹈、藏族民间舞蹈等。每一个民族的民间舞蹈根据不同的地域环境又形成了种类繁多、风格迥异的地域特色。例如,同样是汉族民间舞蹈的秧歌,东北有东北秧歌、山西有祁太秧歌、陕西有陕北秧歌、山东又有山东的三大秧歌(胶州秧歌、海阳秧歌、鼓子秧歌)。很多民族的民间舞蹈在经过民间艺人的世代传承和舞蹈艺术工作者的提炼、组织、加工、整理后形成了一套较为完整的训练体系。

面对民间舞"多素材可选性"的局面,授课教师可以参考潘志涛主编的《中国民间舞蹈教材与教法》,对其中的"东北秧歌舞蹈""藏族舞蹈""云南花灯舞蹈""蒙古族舞蹈""安徽花鼓灯舞蹈""维吾尔族舞蹈""山东秧歌舞蹈""朝鲜族舞蹈"等进行有选择性的训练;也可以结合流传较为广泛的其他少数民族的民间舞蹈,如"傣族舞"等素材进行训练;还可以结合具有本地特色的民间舞蹈,比如"山西小花戏"等素材进行训练。

播音与主持艺术专业的学生在具体的训练中可以借鉴以下几种训练方法:

(一)以"专业"学"专业"

以"专业"学"专业"的训练方式是一种将播音与主持艺术专业有声语言的训练内容与形体训练中民间舞的训练内容合二为一的训练方式。即在进行某一民族民间舞蹈的学习之前,先给学生布置一项作业,内容是:从所学舞蹈的民族文化中任选一个角度准备一分钟的表达。以蒙古族民间舞蹈的训练为例:

首先,在训练之前先挑选个别学生对"蒙古族文化"进行一分钟的介绍,主题为"我眼中的蒙古族"。

其次,在学生完成对"蒙古族文化"的介绍后,由授课教师对其进行补充,并对蒙古族的舞蹈文化做简单介绍。

---

[1] 罗雄岩.中国民间舞蹈文化教程[M].上海:上海音乐出版社,2001:18.
[2] 隆荫培,徐尔充,欧建平.舞蹈知识手册[M].上海:上海音乐出版社,2001:145.

最后，再进行蒙古族舞蹈的组合训练。

这种训练方式能够使学生在训练之前对所学舞蹈的民族文化有一定的了解，更利于舞蹈组合训练的开展；同时结合学生自身所学专业，能使训练取得双重效果。

（二）小组合大意义

所谓"小组合大意义"是指，播音与主持艺术专业的学生在训练组合的选择上不要挑选难度过大的组合，一般情况下，从基本动律入手，结合民间舞中的典型元素进行训练即可。

比如，在蒙古族民间舞蹈的训练中可以从"蒙古族舞蹈的手位、脚位组合"[①]训练入手，再结合"体态动律组合"[②]进行训练，这样做可以使学生既容易接受训练内容又能产生浓厚的学习兴趣，从而获得最大的训练价值。

（三）载歌载舞

我国的民族艺术自古以来就有载歌载舞的传统，"歌咏其声，舞动其容"，歌舞结合的艺术手法可以比较自由地表现宽泛的内容和情感，并易于群众理解和接受。[③]

有时，播音与主持艺术专业的学生在主持节目的过程中并非需要展示一段完整的民族民间舞蹈，而是在某一首耳熟能详的民歌旋律出现后，能够"边唱边舞"，这一定会为所主持的节目锦上添花。也许只是哼唱几句，同时做出几个舞蹈动作，但这足以彰显出主持人多才多艺、与众不同的风格魅力，如《开门大吉》的主持人尼格买提、《舞蹈世界》的主持人李思思，都曾在主持节目时，通过"载歌载舞"的表演形式给观众留下深刻的印象。

例如，在维吾尔族的民间舞蹈"摇身点颤、自由步组合"[④]的动律训练中，就可以结合音乐《达坂城的姑娘》以载歌载舞的形式进行训练。这样，学生既可以通过音乐的旋律轻松、快速记住舞蹈动作，又能和着音乐的节拍边唱边舞，体现出舞蹈的独特动律，从而形成良好的学习习惯并达到训练目的。

[①②] 潘志涛.中国民间舞蹈教材与教法[M].上海：上海音乐出版社，2001：309-311.
[③] 隆荫培，徐尔充，欧建平.舞蹈知识手册[M].上海：上海音乐出版社，2001：151.
[④] 潘志涛.中国民间舞蹈教材与教法[M].上海：上海音乐出版社，2001：371-372.

（四）男女有别

所谓"男女有别"是指，在训练时，应针对男生和女生的不同特点来进行民间舞蹈训练组合的选择。

一般情况下，男生以选择气势磅礴的山东鼓子秧歌舞蹈训练为宜。山东鼓子秧歌舞蹈中"稳""沉""抻""韧"的元素，可以使男生具备"稳如泰山"般的阳刚气质。而女生则以选择热情奔放、欢快动感的维吾尔族民间舞蹈训练为宜。维吾尔族民间舞蹈中体态动律的元素，可以使女生具备热情、乐观但不轻浮，稳重、细腻却不琐碎的内在气质。

无论是男生还是女生都可以通过蒙古族民间舞蹈或藏族民间舞蹈的训练达到粗犷奔放、端庄大气以及松弛自如的训练效果。

二、现代舞韵律与表现训练

现代舞是20世纪初在西方兴起的一种与古典芭蕾相对立的舞蹈派别。其主要美学观点是反对芭蕾的因循守旧、脱离现实生活和单纯追求技巧的形式主义倾向，主张摆脱古典芭蕾过于僵化的动作程式的束缚，以合乎自然运动法则的舞蹈动作，自由地抒发人的真实情感，强调舞蹈艺术要反映现代社会生活。[1]

现代舞自诞生之日起，从20世纪前期的先驱者时期和奠基人时期的西方现代舞，发展至20世纪后期的以美国新先锋派时期和以欧洲舞蹈剧场为代表的西方现代舞；从"现代舞之母"伊莎多拉·邓肯的"自由舞蹈"到德国现代舞的创始人玛丽·魏格曼的"表现主义舞蹈"，再到库特·尤斯的"新舞蹈"；从露丝·圣·丹尼斯到玛莎·格雷姆，从默斯·坎宁汉再到皮娜·包希……在现代舞的发展进程中逐步形成了多种多样又各具特色甚至是以个人姓名来命名的现代舞技术体系。这些不同的现代舞技术体系又形成了多种多样的训练方法。可以说，现代舞是一个不断向前发展并变化着的新的概念。

综观其变，我们不难发现，这些不同的现代舞训练方法又有某些共同之处，即无一例外的都是在充分理解和实践身体的基础上，以全新的方式对身体进行开发性的训练。

面对播音与主持艺术专业的学生，授课教师可以结合自身所学，编排出一些针对身体各部位的训练组合，从而使学生更充分地"认识"自己的身体，并"解放"自

---

[1] 傅小凡，卢莉蓉.西方芭蕾舞与现代舞简史[M].厦门：厦门大学出版社，2009.

己的身体，进而能够准确、灵活地"运用"自己的身体；在对自己内心情感能够自如控制和自如收放的同时，使整个身体具备一定的表现力和感染力，进而顺利地实现从"认识自我"到"发现自我"再到"表现自我"的过渡。在具体的训练中应当把握以下几点原则：

（一）组合难度不宜过大

由于播音与主持艺术专业的学生不具备舞蹈专业学生的软开度、柔韧性和技术性，所以训练组合在选择或编排上难度都不宜过大，例如现代舞训练中的"倒地""滚动"或一些大幅度的跳跃性动作都不宜进行训练。如果学生在训练中没有把握好训练要求，就会比较容易损伤到身体的某些部位，不仅不能达到训练的效果，反而会引起一些不必要的麻烦。

（二）组合内容安排合理

在训练组合内容的选择上，授课教师可以从"地面训练""中间训练"和"流动训练"三个方面进行，着重从地面的"热身训练""关系训练""收缩—放松训练"到中间的"身体拉伸训练""擦地训练""蹲的训练"，再到流动的"步伐训练"等方面，对学生身体进行全面的训练。

（三）组合音乐选择得当

音乐可以帮助学生更好地进入训练状态。在训练中，音乐的感染力可以增强肢体的表现力，从而使肢体动作显得更加生动而富有魅力。所以在现代舞的训练中，除了在训练内容的选择上做足文章外，还应在训练音乐的选择上下足功夫。前几部分芭蕾舞或中国古典舞程式化动作训练多以钢琴伴奏为主，但现代舞训练的开放性、多元化以及个性化的特点决定了音乐的选择需要丰富多彩。在训练时，教师可以选择一些电影原声音乐、国内外流行音乐甚至是单一乐器的现场伴奏等，在符合组合训练要求的同时具备较强的感染力，从而使训练达到较好的效果。

第二部分

体态元素强化训练

第四章
体态元素强化训练（一）

　　中国古代诗歌理论《毛诗序》中曾说："诗者，志之所之也，在心为志，发言为诗。情动于中而形于言，言之不足，故嗟叹之，嗟叹之不足，咏歌之，咏歌之不足，不知手之舞之足之蹈之也。"意思是，诗，是人表现志向的所在，在心里就是志向，用语言表达出来就是诗词。情感在心里被触动就会表达为语言，语言不足以表达此刻的情感，就会吁嗟叹息，吁嗟叹息还不足以表达此刻的情感，就会长声歌咏，长声歌咏依然不足以表达此刻的情感，就会情不自禁地手舞足蹈起来。

　　如果把诗人的角色替换为主持人，可对上述文字做出如下解读：

　　第一，作为有声语言的传播者，主持人要有一定的表达愿望和目的。如果把这种愿望放在心里，不用语言表达出来，就只能是自己的感受和理解。当把这种感受转化为有声语言并表达出来的时候，就会被他人所知晓、所理解，从而就有了一定的传播意义。对于主持人来说，如果能够用符合受众审美需求的言语来服务受众，就会得到受众的喜爱，从而取得良好的传播效果。

　　第二，主持人有声语言的产生不是凭空出现的，而是在内心情感受到触动后催生出来的。所以，情感应当是第一位的。"主持人既然置身于人际传播的关系中，那么在传播过程中，就不可避免地要以'情'为先导，与受众进行面对面的、直接的、平等的、心灵的、情感的沟通与交流。情感是人际交流中的润滑剂，是人与人进行顺利沟通的重要条件。"[①]播音与主持艺术之所以被称为一门艺术，就是因为它既具备了一切艺术的共性特点，同时又具有自己独特的魅力。作为一门"声音"的艺术，

---

① 俞虹.节目主持人通论：修订版[M].北京：中国广播电视出版社，2004：17.

无论是舞台朗诵还是节目主持,凡是在有声语言表达的过程中,都需要播音员、主持人"以情带声";作为一门"语言"的艺术,"主持人在主持节目中,既要以一颗平常人的心平等地、坦诚地与受众进行交流,又要善于让自己的内在情感始终处于一种积极的、饱满的状态"①,通过"以情传声"达到"以情动人"的效果,从而使节目充满人文关怀和情绪感染力,增加节目的魅力,进而得到观众的认可。

第三,主持人在"言之不足"时,可以"嗟叹",可以"咏歌",甚至还可以"手舞足蹈"。这样的表述似乎有些夸张,但在实际的运用中的确有所体现,比如在一些电视综艺娱乐类节目中经常可以看到主持人融"说(话)、唱(歌)、做(动作)、(表)演"于一体的主持形态。主持人时而是电视节目进程的把握者,时而又成为电视节目的参与者,在与嘉宾和观众的互动中逐渐形成其个性化的主持风格和主持魅力。而在其他类型的电视节目中,主持人虽然没有"嗟叹",没有"咏歌",也没有"手舞足蹈",但往往会调动体态语来辅助有声语言的表达,从而增强电视节目的传播效果。

体态语是运用身体动作来表达情感、交流信息、说明意向的沟通手段。它是由人的面部表情、身体姿势、肢体动作和体位变化共同构成的一个图像符号系统,常被认为是辨别说话者内心世界的主要依据,是人们在长期交际中形成的一种约定俗成的自然符号。通俗地讲,当身体动作能够传递相关信息表达一定的情感时,这些动作就有了语言的功能,就成了体态语。具体来说,体态语包括目光语、表情语、手势语和姿态语,其中姿态语又包括坐姿、站姿、走姿和蹲姿等。

主持人在主持节目的过程中上述体态语所包含的每一个元素都会有所涉及和体现,"一个电视节目主持人之所以成功,是因为在屏幕上的形象具有很强的感染力。主持人要想准确且生动地表情达意,仅仅依靠有声语言是不够的,还必须借助面部表情、肢体动作、身体姿势等体态语言。"②体态语作为一种不可缺失的"无声语言",通过主持人目光语的交流、表情语的体现、手势语的表达和姿态语的运用,对有声语言的表达起到良好的促进作用,从而达到"此时无声胜有声"的效果。它和电视节目主持人的有声语言共同构成电视节目主持人的语言形象。

这一部分是在"形体基础规范训练"的基础上对主持人的目光语、表情语、手势语和姿态语等体态元素进行强化训练,从而为第三部分"体态元素综合表现"奠定基础。

---

① 俞虹.节目主持人通论:修订版[M].北京:中国广播电视出版社,2004:18.
② 许嫱,周嘉丽.电视节目主持人风格与节目主持艺术[M].成都:西南交通大学出版社,2014:49.

第一节　目光语的交流

中国的戏曲艺术中有一句行话——"一身之戏在于脸,一脸之戏在于眼"。这里的"眼"指眼睛、眼神或者目光。

眼睛之所以被人们称为"心灵的窗户",是因为它能够真实地体现一个人的内心情感。在不同的情境中,人的目光会随着内心情绪的变化而变化,比如人会有疑惑的目光、坚定的目光、冷漠的目光、激动的目光、哀求的目光、麻木的目光、欣喜的目光等。在人与人的交流中,更是"听其言,观其眼"便可"知其想"。

关于"观眸"和"知言"的关系,孟子早在两千多年前就有过自己独特的见解。孟子曰:"存乎人者,莫良于眸子。眸子不能掩其恶。胸中正,则眸子了焉;胸中不正,则眸子眊焉。听其言也,观其眸子,人焉廋哉?"(《孟子·离娄上》)意思是,观察一个人,最好观察他的眼睛,因为眼睛掩盖不了一个人内心的丑恶。心地光明正大,眼睛就会明亮;心地不光明正大,眼睛就灰暗无神。听一个人讲话的时候,注意观察他的眼神,这个人(的美与丑)怎么能够隐匿起来呢?

美国路易斯维尔大学的雷·伯威泰尔教授的研究也表明,当人们面对面交流时,通常有声语言(说话)占35%,无声语言(体态语)占65%。其中,目光语又占到无声语言的65%。西方著名思想家爱默生也说过"眼睛说的话比嘴说的多"。

这些都说明,目光作为人面部最重要的表达渠道,所起到的交流作用是不可忽视的。

一、目光语概述

目光语是运用眼神来传递信息和感情的一种体态语言,在传递细微情感方面,目光语可以起到有声语言与其他非语言行为无法替代的作用。

(一)目光语的分类

接下来,根据目光注视的角度、位置、方式和时间的不同,对目光语做如下分类:

1. 按照注视的角度分类

按照注视的角度,目光语可以分为平视、侧视、仰视和俯视四类。

平视。多在普通场合与身份、地位平等的人进行交流时体现。

侧视。是平视的特殊情况,即位于交流对象一侧时,面向并平视着对方。侧视的关键在于面向对方,否则为斜视,为失礼之举。

仰视。是主动居于低处,抬眼向上注视他人,以表示尊重、敬畏对方。

俯视。可表示对晚辈的宽容、怜爱,也可表示对他人的轻慢、歧视。

2. 按照注视的位置分类

按照注视的位置,目光语可以分为关注注视、严肃注视、社交注视、亲密注视和随意注视五类。[①]

关注注视。视线停留在对方的眼睛上,属于关注型注视。这种注视表示关注、感兴趣。

严肃注视。视线停留在对方两眼和前额之间的区域,属于严肃型注视,也叫公事注视。这种注视方式能造成严肃的气氛,使对方感受到有正经事要谈,并使自己保持主动。

社交注视。视线停留在对方眼睛至唇部之间的区域,属于社交型注视。这种注视是在社交场合面对交流对象时所用的常规方法,表示尊重对方。

亲密注视。视线停留在眼睛与胸部之间的区域,属于亲密型注视。这种注视表示亲近、友善,或对对方有一种特殊的亲密感情,多用于关系密切的男女之间。

随意注视。对他人身上的某一部位随意一瞥,为随意型注视,也叫瞥视。可表示注意,也可表示敌意,这种注视方式多用于公共场合注视陌生人,最好慎用。

3. 按照注视的方式分类

按照注视的方式,目光语可以分为直视、对视、凝视、盯视、虚视、扫视、睨视、眯视、环视、他视、无视等。

直视。表示认真、尊重,适用于各种情况。

对视。指直视他人双眼。表示自己大方、坦诚,或是关注对方。

凝视。是直视的一种特殊情况,即全神贯注地进行注视。多表示关注、恭敬。

---

① 许嫱,周嘉丽. 电视节目主持人风格与节目主持艺术[M]. 成都:西南交通大学出版社,2014:61.

盯视。即目不转睛、长时间地凝视他人某一部位。表示出神或挑衅，不宜多用。

虚视。目光游离，眼神不集中。多表示胆怯、疑虑、走神、疲乏，或是失意、无聊，不宜多用。

扫视。视线移来移去，注视时上下左右反复打量。表示好奇、吃惊，不可多用，尤其对异性禁用。

睨视。又叫睥视，也叫斜视，即斜着眼球注视。多表示怀疑、轻视。一般忌用，尤其与初相识的人交往时，更要忌用。

眯视。眯着眼睛注视。表示惊奇、看不清楚，因神态不大好看，所以公众场合不宜采用。

环视。有节奏地注视不同的人或事物。表示认真、重视，适用于同时与多人打交道，表示自己一视同仁。

他视。与某人交往时不注视对方，反而望着别处。表示胆怯、害羞、心虚、反感、心不在焉，不宜用于公众场合。

无视。也叫闭视，是指在人际交往中闭上双眼不看对方。表示疲惫、反感、生气、无聊或者没有兴趣，公众场合不宜多用。

除了上述几种目光语的分类之外，根据注视时间的不同，目光语所指代的含义也有所不同。例如，向对方表示友好时，注视对方的时间约占全部相处时间的1/3左右；表示轻视或瞧不起对方时，注视对方的时间不到全部相处时间的1/3；向对方表示关注或重视时，注视对方的时间约占全部相处时间的2/3左右；表示敌意或有寻衅滋事的嫌疑时，注视对方的时间约占全部相处时间的2/3以上；表示对对方比较感兴趣时，注视对方的时间约占全部相处时间的2/3以上。

（二）目光语的禁忌

在用目光语进行交流时，无论采用哪种注视的方式都要注意"不可将视线长时间固定在所要注视的位置上，这是因为，人本能地认为，过分地被人凝视是在窥视自己内心深处的隐私。所以，双方交谈时，应适当地将视线从固定的位置上移动片刻。这样能使对方心理放松，感觉平等，易于交往"[①]。

"当与人说话时，目光要集中注视对方；听人说话时，要看着对方的眼睛，这是一种既讲礼貌又不易疲劳的方法。如果表示对谈话感兴趣，就要用柔和、友善的

---

① 彭延春, 常蕾. 形体训练教程[M]. 北京: 中国轻工业出版社, 2010: 107.

目光正视对方的眼睛；如果想要中断与对方的谈话，可以有意识地将目光稍稍转向他处。尽量不要以视线直视对方的眼睛，因为对方除了会以为你在窥视他心中的隐秘外，还会认为在向他表示不信任、审视和抗议。但在谈判或辩论时，就不要轻易移开目光，可直到对方目光转移为止。当对方说了错误的话正在拘谨、害羞或尴尬时，不要马上转移自己的视线，而要用亲切、柔和、理解的目光继续看着对方，否则对方会误认为你高傲，在讽刺和嘲笑他。谈兴正浓时，切勿东张西望或看表，否则对方会以为你听得不耐烦，这是一种失礼的表现。"①

（三）电视节目主持人的目光语

电视节目主持人目光语的交流主要是通过摄像机的镜头来实现的，"主持人坐在演播室面对镜头与观众进行交流时，应该能够让观众感到你是在对'他'讲，在和'他'交流"②。对于主持人来说，目光语"既不能太冷，也不能太热，否则会给人冷漠或虚假的感觉。同时，还要有交流感，不能'目中无人'或眼神游离不定。如果目光闪烁，会让人觉得你故弄玄虚；如果目光游移，会使人觉得你心不在焉；如果眼睛眨个不停，会使人觉得你言不由衷"③。

有些主持人在主持节目时目光呆滞、闪烁、游离或频繁眨眼，给人一种故弄玄虚、言不由衷的感觉。经过分析不难发现，之所以出现这样的问题，是因为主持人严重不在主持状态。除此以外，还跟主持人对节目内容的理解和对镜前对象感的获取能力较差有密切关系。面对这样的问题，主持人不仅需要调整好自己的状态，提高播讲的积极性和主动性，还要注意对对象感的捕捉，将摄像机想象成你所熟悉的一位"观众"或"朋友"，并建立起与观众"面对面"的交流。

还有一些主持人在演播室里录制节目时眼神很自然，而在现场主持中，却害怕与观众目光接触或不知道该如何接触，出现有的目向天空，有的眼盯脚下，有的虽盯着观众，但目光散乱、形不成聚焦点等问题。出现类似问题时，首先需要主持人充分做好主持前的准备，如思想准备、内容准备、外形修饰准备等，这样才能产生较强的自信心，从而敢正视观众；其次需要主持人进行一定的心理调适，坦然、真诚地与观众进行交流；最后需要主持人尽快适应并融入环境，同时能够对舞台空间进行准确的把握。

---

① 彭延春，常蕾.形体训练教程[M].北京：中国轻工业出版社，2010：107.
② 俞虹.节目主持人通论：修订版[M].北京：中国广播电视出版社，2004：245.
③ 赵忠祥，白谦诚.主持人技艺训练教程[M].武汉：武汉大学出版社，2003：143.

（四）电视节目主持人目光语的运用

1. 单向交流时目光语的运用

在单人电视节目中，目光语的交流属于"单向交流"，即主持人只需要面对前方的摄像机或观众即可。一般情况下，电视节目主持人多以坐姿或站姿体态固定在摄像机前方来完成节目的主持工作，有时主持人根据电视节目的需要，也会以走姿的方式入场，并跟随摄像机的镜头走到固定的区域后再完成节目的主持工作。

当电视节目主持人以坐姿或站姿体态进行镜头前的交流时，主持人的目光语应做到："虚实结合"。所谓"虚"和"实"是指：主持人目光的虚视点和实视点。具体来说，"主持人目光的所及之处叫作视点。实视点是指目光着落的位置是客观存在的；虚视点是指目光在想象中着落的位置"[1]。对于实视点的把握，有时目光落在镜头某一点上就可以得到较好的效果，有时目光要投到镜头内效果才好。针对这种情况，主持人可以通过"录像"的形式多试几次，确定目光的最佳落点。而对于虚视点的把握，则需要靠主持人的想象和感受得以实现。因为主持人与电视机前观众的交流是隔着一层屏幕的，是一种虚拟的交流。这就需要主持人不仅要把摄像机的镜头当作自己的交流对象，更要透过摄像机感受到所播报或主持内容中的人、物、场景、事件，让观众从主持人的目光语中能够感受到"这个主持人在跟我交流"。

当电视节目主持人跟随摄像机的镜头以走姿的方式入场时，首先要清楚地看到交流对象所处的位置。如果有现场的观众，是采用"直视法"还是"环视法"？如果没有现场观众，面对的只是摄像机，那么是否需要跟随镜头走姿到位？直线向前行进时，无论是"先走再说"还是"边走边说"，都需要主持人从一出场就平视前方，始终注意到前方的交流对象；而斜线向前行进时，则需要主持人运用"环视法"，跟前方的所有观众逐一进行目光语的交流，直至走到定格的位置，依然目视前方。如果在行进的过程中或走到位置后，出现目光游离、左顾右盼、向上盯着天花板或向下低头等不当的举动，都会给人一种言不由衷或是紧张、不自在的感觉。

2. 双向交流时目光语的运用

在双人搭档电视节目中，由于需要两人的共同配合来完成节目的主持，所以目光语的交流属于"双向交流"，即主持人除了需要完成与前方观众或摄像机的交流之外，还应与搭档之间建立起交流的关系。

---

[1] 许嫱，周嘉丽.电视节目主持人风格与节目主持艺术[M].成都：西南交通大学出版社，2014：62.

在与搭档进行交流时,采用的注视方式应为侧视。还应当清楚的一点是:主持人交流的主体对象是观众,所以就目光语交流的比重来说,应当是1∶4的关系。即主持人与观众之间的交流一定要大于两个主持人彼此之间的交流。反之,就会把观众"晾"在一边,哪怕两个主持人说得再"热火朝天",也会让观众觉得冷场,因为此时主持人忽略了观众的感受;如果两个主持人只是一味地与观众交流而完全没有彼此之间的目光语交流,又会缺失双人搭档的配合性。由于两人没有建立起合作的关系,所以也不能构成一个整体。在目光语的交流中主持人要把握好这个度。

3. 多向交流时目光语的运用

在多人电视综艺晚会节目中,主持人目光语的交流属于"多向交流",包括主持人与现场观众或摄像机的交流以及主持人与搭档间的交流。其中,在主持人与搭档之间的交流中又包括"一(人)对一(人)"的交流和"一(人)对多(人)"的交流。

一般情况下,主持人的出场可以选择目视行进方向的正前方,走到位置后随着身体的转动将目光移至观众席,也可以选择从出场时就目视观众席,以"环视法"边走姿上场边跟现场的观众进行目光语的交流。这时要注意目光语的三个要求:

第一,亮。所谓"亮"就是眼睛要灵动、有光泽,能够传神并吸引观众,让观众感受到主持人的活力。"亮"与"暗"是相对的,有的主持人眼睛很大,但在屏幕上我们看到其眼神却暗淡无光,这不免给人一种"眼大无神"的失落感。究其原因不难发现,出现这一问题是因为主持人过分依赖提词器。提词器的作用是做提示、提醒,但如果主持人只是一味地盯着提词器,就不免给人一种死板、呆滞的感觉。

第二,远。所谓"远"就是眼神要放的远一些,不能将自己的目光仅仅停留于摄像机上。在有观众在场的节目主持中,主持人的眼睛应一直看向最后一排的观众。由于舞台与观众席的距离较远,主持人可能看不清楚已经落座的观众,但将目光放"远"后,可以给观众一种"这个主持人在跟我交流"的感觉,就会无形地拉近与观众之间的距离;在没有观众在场的节目中,主持人面对镜头时,虽"眼前无人",但要做到"心中有人",同时也要把眼神放得远一些,透过摄像机的镜头,跟屏幕前的观众进行真切的交流。

第三,饱满。所谓"饱满"就是主持人的目光语要丰富、有内涵、有情感。目光语的饱满源自内在情感的饱满,这种积极、饱满的主持状态是需要主持人在开场主持之前就要建立起来的,这也是一种主持前的"仪式感"。当主持人走至舞台上站定后,一定不要急于表达,可以稍做调整,待呼吸稳定后再开始进行开场的主持。在调整呼吸的过程中，主持人可以环视观众席，看向现场所有的观众，然后将目光移至正前方。开场主持是否需要设计主持人之间的互动是由电视综艺晚会的主题和内容决定的，如果有互动，就需要主持人既能完成与观众的目光交流，又能完成搭档间的交流；如果没有互动，则只需要主持人完成与前方观众的交流即可。

目光是一种外在形态的表现，而当目光升华为目光语的时候，就具备了一种交流感。在电视节目的主持中一定要建立起与观众的交流感，让观众真实地感受到这个主持人想把优雅的姿态、饱满的状态展现给"我"，想把节目的内容说给"我"听，想要跟"我"进行心与心的交流。无论是面对现场的观众还是面对摄像机，主持人都要有自然、真诚的目光语。当面对观众时，要能顾及观众的感受，能让观众感受到主持人的存在，只有建立起彼此的交流感，才能拉近主持人与观众之间的距离，从而得到观众的认可。

二、目光语元素训练

对目光语的概念、分类及要求有了一定的了解后，可以采用动作组合的方式对目光语元素进行训练。

（一）准备动作

在身体保持直立的状态下，面向身体的1点方向站立。准备时，男生双脚打开、与肩同宽，脚尖朝前（女生采取"丁字步"站立）；双臂自然放松，下垂于身体两侧；在颈部拉长、头部摆正的基础上，双眼平视前方（图4-1）。

（二）动作过程

在准备动作的基础上，以双眼的正前方为中心点，依次进行目光语8个空间点的移动和变化，整个移动和变化的路线呈"米"字形。

图4-1

1. 左斜前方

双眼由正前方水平向左移动至身体8点的位置，看向左斜前方；然后再原路返回至身体的1点位置（图4-2）。

2. 右斜前方

双眼由正前方水平向右移动至身体2点的位置,看向右斜前方;然后再原路返回至身体的1点位置(图4-3)。

图4-2

图4-3

3. 左斜上方

双眼由正前方向左移动并看向身体8点的上方位置,形成水平向上的45度角,看向左斜上方;然后从左斜上方直接回至身体的1点位置(图4-4)。

4. 右斜上方

双眼由正前方向右移动并看向身体2点的上方位置,形成水平向上的45度角,看向右斜上方;然后从右斜上方直接回至身体的1点位置(图4-5)。

图4-4

图4-5

5. 左斜下方

双眼由正前方向左移动并看向身体8点的下方位置,形成水平向下的45度角,看向左斜下方；然后从左斜下方直接回至身体的1点位置（图4-6）。

6. 右斜下方

双眼由正前方向右移动并看向身体2点的下方位置，形成水平向下的45度角，看向右斜下方；然后从右斜下方直接回至身体的1点位置（图4-7）。

图4-6　　　　　　　　　图4-7

7. 正上方

双眼由正前方向上移动并看向身体1点的上方位置，形成水平向上的45度角，同时看向上方5米以外的位置；然后从身体的上方原路返回至身体的前方位置（图4-8）。

8. 正下方

双眼由正前方向下移动并看向身体1点的下方位置，形成水平向下的45度角，同时看向下方5米以外的位置；然后从身体的下方原路返回至身体的前方位置（图4-9）。

图4-8　　　　　　　　　图4-9

（三）音乐伴奏

音乐伴奏可以选用陈悦[①]、马克创作的《乱红》。

音乐来源：QQ音乐；专辑：乱红（箫和钢琴）；语言：纯音乐；发行时间：2005-08-01；唱片公司：中国唱片；类型：录音室专辑；风格：流行。

乱红

（四）要领提示

在目光语的元素训练中，有时目光会显得呆滞、刻板，这就需要主持人打开想象空间，通过五个步骤做到符合目光语"亮、远、饱满"的内在要求。

第一，"你"站在哪里？

"站在哪里"是环境的设定。可以让自己仿佛置身于一个开放、空旷的自然环境中，并找到属于自己的空间。比如，可以站在广阔无垠的大漠中，也可以站在一望无际的草原上，还可以站在无边无际的海边……

第二，"你"看向哪里？

"看向哪里"是目光语的路线和方向。在进行目光语8个空间点的移动和变化时，应当清楚自己目光的路线并准确地看向指定的位置。

第三，"你"看到了什么？

"看到了什么"是画面的设计。首先，需要打开内心的想象；其次，需要将自己所处自然环境中的事物一一呈现在眼前；再次，需要让自己"真实"地看到眼前的事物；最后，在"看"的过程中要让自己的目光处于不断的动态变化之中，目光变得灵动而饱满。

第四，"你"感受到了什么？

"感受到了什么"是内心所想。每个人对自然事物都具有一定的感受能力，如站在广阔无垠的大漠中，看到眼前的黄沙莽莽、无边无际，就会在内心激荡起一种意境雄浑、境界阔达之感。

第五，"你"如何表现出来？

主持人最终要在演播室或舞台上把主持的内容通过声音和形象展示给观众，所以当完成前四个步骤后，如何进行目光语的表现，就显得尤为重要。

[①] 陈悦，中国著名青年笛箫演奏家，出生于浙江省杭州市，6岁随父亲学习竹笛，12岁成名，著名演奏家、教育家、南派笛子大师赵松庭先生的关门弟子。现为中国音乐学院国乐系副教授、硕士生导师。代表作品有《乱红》《绿野仙踪》《桃花渡》等。

在之后的"体态元素综合训练"阶段,我们会结合体态语的其他元素及稿件内容,对目光语的运用和把握再着重进行训练。

第二节 表情语的体现

表情是人的主观情绪体验的一种外部表现方式,它可以微妙地反映出一个人内心世界的变化。人的表情主要有三种形式:面部表情、语言声调表情和身体姿态表情。本节内容主要围绕"面部表情"这一主持人体态语的构成元素进行理论概述和元素训练。

一、表情语概述

面部表情是一种十分重要的非语言交际手段,它是指通过眼部肌肉、颜面肌肉和口部肌肉的变化来表现各种情绪状态。艺术家们往往会通过对人物面部表情的描绘,来展现人物内心的情绪和情感,栩栩如生地展现人物的精神面貌。

比如,在欣赏罗中立的油画作品《父亲》(图4-10)时,我们可以从作品所塑造的人物的面部表情中感受到一位情感真挚、淳朴憨厚的农民父亲的形象。又如在达·芬奇创作的油画作品《蒙娜丽莎》(图4-11)中,我们可以解读出一位端庄优雅、笑容微妙的资本主义上升时期有产阶级女性的形象。《蒙娜丽莎》中所塑造的人物的面部表情被不少美术史学家称为"神秘的微笑",同时也成了各个学科领域乐此不疲的研究对象。荷兰阿姆斯特丹的一所大学运用"情感识别软件"分析出蒙娜丽莎的微笑包含的内容及比例为:高兴83%,厌恶9%,恐惧6%,愤怒2%。

图4-10 罗中立《父亲》　　图4-11 达·芬奇《蒙娜丽莎》

（一）表情语的分类

俗话说：相由心生。一个人的思想、情绪以及种种复杂的感情都能从面部上找到答案。当人们形容某人不高兴时，往往会说"这个人的脸拉得很长，面色铁青"；当形容某人得意兴奋时，常常会说"这个人满面春风，笑逐颜开"。

内心情绪的变化会相应地折射出不同的面部表情。一般情况下，可以将面部表情分为八类：感兴趣—兴奋、高兴—欢喜、惊奇—惊讶、伤心—痛苦、害怕—恐惧、害羞—羞辱、轻蔑—厌恶和生气—愤怒。

（二）电视节目主持人的表情语

电视节目主持人的表情语是主持人在主持节目过程中面部情绪的表达，它的主要作用是传递内在的感情色彩。由于电视艺术是一门听觉与视觉结合的艺术，所以电视观众既可以通过声音了解主持人语言表达的内容，又可以通过屏幕观看到主持人的形象造型。对主持人来说，在节目主持的过程中摄像师一般会随着节目主持的样态和形式给出不同的景别，比如在"坐姿"主持时一般会给近景和中近景；在"站姿"主持时一般给的是中近景和全景；而在"走姿"主持时则是近景、中近景和全景的结合。无论何种形式的主持样态，观众都可以通过电视屏幕清晰地看到主持人的整个面部。尤其是当摄像师给出主持人胸部以上的近景镜头时，主持人的整个面部更是"暴露无遗"，哪怕是细微的表情变化都在观众的视线之中。"主持人在镜头前面部表情的流露，就像穿在外面的衣裳，是留给观众的第一印象，也是观众接受主持人信息传递的直接途径"[1]。

（三）电视节目主持人表情语的要求

主持人应该如何恰当地运用这种比嘴里讲的更可信的"语言"呢？总的来说，主持人在运用表情语时应做到以下几点：

1. 真诚，不做作

在与观众交流的过程中，主持人首先应当具备内在的真诚。内心真诚，态度真诚，语言真诚，目光语真诚，表情语当然也应当真诚。真诚就是真实、诚恳，不虚伪、不做作。英国有句谚语，叫"去'读'他人的脸"（to read one's face），我国也有"鉴貌观色"之说。因此，真诚的心理状态很重要，因为"诚于衷而形于外"，不真诚的虚假表情，观众是会"读"出来的。

---

[1] 许嫱，周嘉丽.电视节目主持人风格与节目主持艺术[M].成都：西南交通大学出版社，2014：60.

主持人的表情语应与表述的内容相吻合,有的主持人在主持节目时表情过于晦涩,或是做出"似笑非笑"的表情让人难以捉摸,这样的主持人缺乏一种明朗的态度,难以得到观众的喜爱;也有的主持人为了体现所谓的"个性",把面部肌肉绷得很紧,对所表述的内容无动于衷或是摆出一种"故作深沉"的样子,这样不仅会缺少内在的真诚,而且会显得呆滞,让观众难以接受。

2. 灵动,不单调

灵动就是主持人的表情语要灵活、丰富且富于变化。灵活、丰富的表情语可以形成一种具有感染力的"情绪辐射",比如《快乐大本营》的节目主持人何炅、谢娜,他们能够通过灵活运用表情语感染现场或电视机前的观众。但需要注意的是,表情语的丰富并非需要表情不停变化,它是针对表达时表情过于单一而言的。主持人在主持节目时,如果表情始终固定于一种情绪中,不能随着表达内容的变化而变化,就会使表述的内容苍白无力,缺乏一种真实感和认同感。比如,在表达时,如果面部始终固定于"微笑"的状态,那么就可能是另外一种形式的"表情苍白",因为随着表达内容的变化,应当体现出的其他表情完全被淹没在单一脸谱化的"微笑"之中了。

微笑,是最常见的面部表情,也是表情语的一种自然、真诚的体现。"它是一种世界通用语,除了表示愉悦、乐意、友好、亲切、欢迎、欣赏之外,还可以表示鼓励、谅解、理解、赞同等多种含义。"[①]对主持人来说,微笑可以给人以亲和力,使观众或嘉宾身心放松,更易于拉近主持人与观众的距离。主持人面带微笑的脸庞可以使观众感受到主持人内心的真诚,从而帮助节目主持人赢得观众的信任与好感。但并非任何时候都需要主持人面带微笑,如果在进行灾难性的新闻报道时也面带微笑,就会引起观众的反感。比如在下面一则新闻中:

据交通部门的最新统计,今年上半年,我市各类交通事故中的死亡人数为1,236人……

在播报这则新闻时,主播如果面带微笑,就会给观众一种误导——是因交通事故的死亡人数并不算多、不值得大惊小怪呢,还是无关其痛痒死得"活该"呢?显然,这则新闻信息的传播就会因为主播表情语的失当而变异,引起受众的心理不

---

① 许嫱,周嘉丽.电视节目主持人风格与节目主持艺术[M].成都:西南交通大学出版社,2014:63.

适。所以，一味地信奉"笑脸是金"，相信观众"伸手不打笑面人"的认识是片面的，这也是主持人职业素养严重缺失的体现。

一个成熟的节目主持人的表情语一定是灵活且富于变化的，并且这种灵活、变化也应当随着语境、节目的性质和所主持内容的不同而不同。比如，《挑战不可能》《今日说法·撒贝宁时间》和《开讲啦》这几档不同类型的电视节目都由撒贝宁担任节目主持人，但我们却能从撒贝宁富于变化的表情语中解读出不同的节目内容所传递出的不同信息。

3. 适度，不"泛滥"

体态之用，用之有度。主持人在运用表情语时也要注意度的把握。一般来说，表情语不要变化得过快，更不能过度夸张。在有声语言的表达中，表情语的使用一旦过度，就会扰乱受众的注意指向，削弱节目内容的传播效果。

对电视新闻类节目主持人来说，在进行时政新闻播报时，主持人的面部应在"提颧肌"的基础上保持一种严肃、庄重的表情，这是由时政新闻的严肃性所决定的；在民生类新闻中，由于新闻内容丰富性和"平民化"的特点则需要主持人亲切、自然的表达，表情语也应当做到亲切、自然，这样就更易于被观众所接受。电视新闻节目主持人跟普通的观众一样，也有喜怒哀乐，但在新闻播报的过程中并不能一味地将自己的喜怒哀乐挂在脸上，电视新闻节目主持人的表情语运用具有较强的专业性，要根据新闻传播这个特定行为的特定要求，进行正确的调节，把握好感情的"闸门"，做到"入而不陷，淡而不离"[①]，这也是作为电视新闻节目主持人的基本素养之一。总的来说，电视新闻节目主持人对表情语的运用都不应过度夸张、放大，既不能掺杂过多的个人感情色彩，又不能面对任何稿件都面不改色心不跳。

对电视综艺类节目主持人来说，主持人的"角色"既是节目现场的组织者，也是节目进程的把握者，还是节目中与嘉宾、观众的互动者。在节目主持的过程中，主持人既要能够灵活地穿梭于各个"角色"之中，扮演好自己的每一个"角色"，也要善于感受节目现场的气氛，能够做出与节目现场氛围融合的表情语，同时还要彰显出综艺节目主持人热情、大方、从容、优雅的风范。

---

① 赵忠祥，白谦诚. 主持人技艺训练教程[M]. 武汉：武汉大学出版社，2003：145."入而不陷，淡而不离"的表情语，关键是"淡"。所谓"淡"，既不是感情的陷入，又始终不脱离应有的情绪。其一，要通过认真备稿把握其新闻价值，"进入"新闻，这样情绪和表情就会"沾"上了新闻；其二，为体现新闻的公正与客观，为尊重受众根据自己的思维理解新闻，播报者的情绪介入宜"淡"。这个度的把握如何，最能反映一个电视新闻播音员的新闻感觉、新闻态度，也最能反映播音员或主持人的业务水平。

对电视少儿节目主持人来说,因为所面对的对象主要是小朋友,所以在节目主持的过程中可以运用适度夸张的表情语,来吸引小朋友对节目内容的关注,增加他们的兴趣。在和小朋友进行交流时,主持人要面带微笑,展现出一种亲切自然、活泼可爱的形象,让小朋友觉得主持人就是一位知心的"大哥哥"或"大姐姐",更愿意与"大哥哥"和"大姐姐"对话、交流。比如,央视著名的少儿节目主持人刘纯燕(金龟子)、王淏(月亮姐姐)、郑捷(小鹿姐姐)、陈苏(红果果)、耿晨晨(绿泡泡)等都是以一种活泼开朗、阳光可爱、笑容甜美的形象赢得小朋友喜爱的。

总之,一个优秀的节目主持人应当时时注意控制自己的面部表情,使之与有声语言的内容、语气、情绪相吻合,尤其是表情语与所表述的内容合拍,是主持人表情语运用的基本准则。

二、表情语元素训练

对表情语的概念、分类及要求有了一定的了解后,可以运用"音乐即兴法"进行表情语的训练。

所谓"音乐即兴法",就是让学生跟随着授课教师播放的音乐,即兴地完成一段肢体小品表演,并在表演中重点强调表情语的体现。具体过程如下:

(一)准备音乐

授课教师需精心准备几首包含不同情感的音乐,比如以林海[①]的音乐为例,可以准备《欢沁》《快乐进行曲》《泣别》《莲花灯笼》《寂》《孤独》等曲目。

表情语元素训练音乐伴奏

(二)划分小组

将学生分成若干个小组,每组3人为宜。同时,每组播放一首曲目,时长在2分钟左右,也可根据每个小组具体的表现适当缩短或延长播放时间。

(三)播放音乐

每首曲目播放三遍。第一遍,学生在聆听音乐的过程中把握音乐的旋律、节奏和感情色彩;第二遍,学生在聆听音乐的过程中快速地设计出所要表现的人物形象;第三遍,学生跟随着播放的曲目进行即兴表演,并在表演中突出面部的表情

---

① 林海,1969年1月生于晋江安海,中国新世纪音乐作曲家,中国传媒大学艺术学部教授、硕士生导师。先后出版了数十张个人音乐专辑,并为大量的电视剧、电影创作了原声音乐,代表作品有《琵琶语》《欢沁》《远方的寂静》等。

语。待授课教师以"渐弱"的形式中断或结束音乐时,该组学生的即兴表演结束。

为了避免干扰学生对音乐的感受力和想象力,授课教师在播放每一首曲目之前不要告知学生曲目的名称。正如林海本人所言:"音乐是抽象的,没有歌词的纯音乐每个人听后的感受都是不一样的。不同的意境、不同的画面、不同的想象空间。"①所以,当学生对同一首曲目进行不同的理解和诠释后,有可能呈现出不同的表情语。

（四）点评总结

学生之间先互评,尤其要对表演者表情语的运用进行详细的解读。学生的点评结束之后,由授课教师进行补充及总评。

第三节　手势语的表达

法国著名的画家德拉克洛瓦说过:"手应当像脸一样地富有表情。"手势语作为体态语的一个重要组成部分,在日常的交际中发挥着巨大的作用。"当我们说话激动时,往往攥紧拳头;谈到高兴之处时,会不自觉地挥动双手;当不知所措时,会双手乱搓;不耐烦时,会用手敲击桌椅。"②恰当的手势语不仅可以起到直接沟通的作用,而且有助于情感的表达,在辅助有声语言的表达时还能起到画龙点睛的作用。

一、手势语概述

手势,也称为手臂姿势,它是指人在运用手臂时,所出现的具体动作与体位。一般情况下,手势既有处于动态之中的,也有处于静态之中的。在语言还未形成之前,原古人类就运用手势动作来传达信息,它是人类最早使用的、至今仍被广泛运用的一种交际工具。

在长期的社会实践过程中,手势被赋予了种种特定的含义,具有丰富的表现力,加上手有指、腕、肘、肩等关节,活动幅度大,具有高度的灵活性,所以手势便

---

① 林海在出版新专辑《林海影视配乐精选》时的自述:"我也许犯了个错误,我把音乐具体化了,我给这27段音乐起了名字并附上了文字。也就是说,我可能扼杀了你们的想象空间。音乐是抽象的,没有歌词的纯音乐每个人听后的感受是不一样的。不同的意境、不同的画面、不同的想象空间。"该专辑是林海十几年影视配乐生涯中精选的精选,由27段不同风格的音乐组成,时长74分钟。
② 刘超.电视新闻节目主持人的体态语分析[J].新闻界,2012(9):24.

成了人类表情达意的最有力的手段。当手势具有一定的表情达意的功能后就自然而然地成为手势语了,手势语在体态语中占有非常重要的地位。

从广义上说,手势语是指用手的动作和面部表情表达思想、进行交际的一种特殊手段。手势语有时会与有声语言一同呈现,有时则单独呈现。

从狭义上来讲,手势语是指人类用语言中枢建立起来的一套用手掌和手指位置、形状构成的特定语言系统。有时也泛指聋哑人使用的手语,俗称"哑语"。

(一)手势语的类型

手势语在日常生活中随处可见,比如聋哑人之间的交流是用不停变化的手语来实现的;在体育比赛中,裁判会运用一定的手势语来指挥比赛;在交通警察指挥来往的车辆时,会运用手势语来完成;演讲者在演讲的过程中也会运用一定的手势语来增强表达的效果。

在赵忠祥、白谦诚主编的《主持人技艺训练教程》中指出:"手势语包括情意手势语(使某种情感形象化)、形象手势语(以手势状物)、指示手势语(指点具体方位和对象)、对象手势语(以手势动作表现抽象事物)等。"①

在浙江传媒学院播音主持艺术学院刘超的论文《电视新闻节目主持人的体态语分析》中将手势语分为演示性手势语、依附性手势语、伴随性手势语和示意性手势语四种类型。具体如下:

演示性手势语的特点是演示有声语言,把有声语言的各种语音变化演示成各种相应的手势动作。比如,聋哑人之间交流时运用的手势语属于演示性手势语。

依附性手势语完全依附于有声语言,根据有声语言来安排相对应的手势动作,这种手势动作和有声语言里的某些含义一一对应,在有声语言信息传递有困难的时候发挥作用。比如,各种球类的裁判员所用的手势属于依附性手势语。

人与人交际的时候,都是一边谈话一边配以适当的举止动作,内心的情绪变化得以自然流露。这样,动作与语言的有机配合与呼应能够增加说服力和感染力。这些在人说话当中做出的手势就是伴随性手势语。

示意性手势语是用大家熟知的手势来代替部分或全部有声语言,在特定语境的条件下同样可以表达某种特定的意思。示意性手势语与有声语言的关系较小,甚至没有关系,但是对语境的要求较高。不同语种的人都可以用同一个手势,比如,拇指和食指接触形成的环状手势,一般表示OK。②

---

① 赵忠祥,白谦诚.主持人技艺训练教程[M].武汉:武汉大学出版社,2003:146.
② 刘超.电视新闻节目主持人的体态语分析[J].新闻界,2012(9):24.

还有的学者对演讲者在演讲时手势语的运用进行了一定的研究并做出了详细的分类。

1. 按表达功能特点分类

按照表达功能的特点，手势语可以分为：情意性手势、指示性手势、象形性手势和象征性手势四类。

情意性手势。在演讲中运用较多，表现方式也极为丰富。这种手势语，主要用于带有强烈感情色彩的内容，能表达出演讲者的喜怒哀乐。它的表达情深意切，感染力强。

指示性手势。这种手势主要用于指示具体人物、事物或数量，给听众一种真实感。它的特点是动作简单，表达专一，一般不带感情色彩。指示性手势有"实指"和"虚指"之分。实指涉及的对象是在场听众视线所能看到的；虚指涉及的对象是远离现场的人和事，是听众无法直接看到的。

象形性手势。这种手势主要用于模拟演讲中的人或物的形状、高度、体积、动作等，给听众以生动、明确、形象的印象。这种手势常常略带夸张色彩，不可机械模仿，不能过分夸张和有过多的表演痕迹。

象征性手势。这种手势的含义比较抽象，如果能配合口语，运用准确恰当，则能启发听众的思考，引起听众的联想，给听众留下鲜明的印象。

2. 按活动的区域分类

按照手势语活动的区域，可以分为：上区手势、中区手势和下区手势三类。

肩部以上称为上区手势。手势在这一区域活动，一般表示理想、希望、喜悦、祝贺等；手势向内、向上，手心也向上，其动作幅度较大，多用来表示积极肯定的、激昂慷慨的内容和感情。

肩部至腰部称为中区手势。手势在这一区域活动，多表示叙述事物、说明事理和较为平静的情绪，一般不带有浓厚的感情色彩。其动作要领是单手或双手自然地向前或两侧平伸，手心可以向上、向下，也可以和地面垂直，动作幅度适中。

腰部以下称为下区手势。手势在这一区域活动，一般表示憎恶、鄙视、反对、批判、失望等。其基本动作是手心向下，手势向前或向两侧往下压，动作幅度较小。

3. 按使用单、双手分类

按照手势语使用时单、双手的不同，可以分为：单式手势和复式手势。

单手做的手势叫单式手势；用双手做的手势叫复式手势。它们能在不同程度上辅助口语的表情达意。在运用时要注意以下三点：

感情的强弱。一般来说，讲到批评或表扬、肯定或否定、赞同或反对时，即情感特别强烈时，则可用复式手势。在一般情况下，用单式手势较为合适。

听众的多少。一般来说，会场较大，听众较多的场面，为了强化手势的辅助作用，激发听众的情感，可以用复式手势。反之，用单式手势较为合适。

内容的需要。形式是为内容服务的，这是决定用单式手势还是用复式手势的最根本依据。如果离开了内容的需要，即使会场再大，听众再多，也不宜用复式手势。同样，根据内容的需要，应该用复式手势时，如果使用单式手势，则显得单薄无力。①

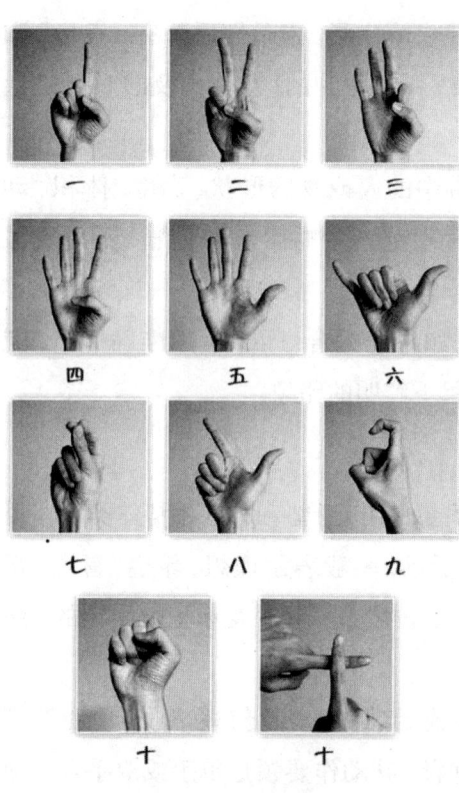

图4-12　数字手势

除了上述对手势语类型的划分之外，在日常生活中，人与人进行沟通、交流或表达时，也会运用一些特定的手势语。这些手势语是由手势动作的不同变化而形成的，经过时间的积累和人类世代的传承，逐渐固定了下来，比如我们经常使用的"数字手势"（图4-12），有的手势语还逐渐成为世界通用的一种"语言"。

比如，在我们国家，表示夸赞时可以使用向上伸大拇指的手势动作；表示成功或胜利时则使用食指和中指向上竖起的"V"形手势动作，这样的手势动作还可以表示数目"2""第二"或"剪刀"的意思；表示需要安静时则做出向上伸食指并放在嘴唇上的手势动作。

不同的手势动作具有各自不同的含义和作用，同一个手势动作对于不同的国家、民族和地区也包含了不同的意思。比如，"向上伸大拇指"的手势动作，是中国人最常用的手势，表示夸奖和赞许，有"好""妙""了不起""高明""绝了""最佳""顶呱呱"的意思；在尼日利亚，这一手势则表示对来自远方的友人的问候；

---

① 演讲手势的分类[EB/OL].(2016-06-14)[2019-07-08], http://www.xuexila.com/koucai/yanjiang/shoushi/916243.html.

在日本，这一手势表示"男人""您的父亲"；在韩国，表示"首级""父亲""部长""队长"；在美国、墨西哥、荷兰、斯里兰卡等国家，这一手势表示祈祷幸运；但在澳大利亚，竖大拇指则是一个粗野的动作。又如，"向上伸小拇指"的手势动作，在中国，表示小、微不足道、拙劣、最差的等级或名次，还可以表示轻蔑；在日本，表示女人、女孩子、恋人；在韩国，表示妻子、女朋友，或是打赌；在菲律宾，表示小个子、年轻或指对方是小人物；在泰国或沙特阿拉伯，表示朋友；在缅甸和印度，表示想去厕所；在美国，表示懦弱的男人或打赌。

所以，在运用特定的手势动作时需要注意不同国家和民族的风俗习惯，以免引起一些误会，从而带来不必要的麻烦。

（二）电视节目主持人的手势语

对主持人来说，手势语的运用一般是在节目主持中体现的，恰当而得体的手势语不仅有助于主持人有声语言的表达，而且还可以成为主持人个性魅力的一种"标志"，有些经过精心设计的手势语也可成为节目的一种"标志"。

按照上述手势语不同的分类方法和界定标准，针对主持人工作的特点，本书将主持人的手势语分为两大类，即伴随性手势语和标志性手势语。

1. 伴随性手势语

伴随性手势语，就是伴随着主持人有声语言的表达而自然流露并体现出来的一种手势语。它不仅能够增强主持人肢体的表现能力，而且还能够更好地辅助有声语言的表达。主持人常用的伴随性手势语主要有：

第一种"乞讨式"手势语。"乞讨式"手势语是一种掌心向上的手势动作，这种手势的使用能让人产生一种亲近感和平易感，使用者也较易受到别人的尊重。

第二种"切掌式"手势语。"切掌式"手势语，有时用单掌，有时用双掌平行做刀切状，表现出一种坚定性和强调性。

第三种"搓掌式"手势语。"搓掌式"手势语是一种双手相对并摩擦手掌的手势动作，表示对某一事情的结局或者某种东西积极期待、跃跃欲试的一种状态。

第四种"握拳式"手势语。"握拳式"手势语，有时用单手，有时用双手做握拳的手势动作，表示一种决心和力量。

除了上述几种常用的伴随性手势语之外，根据主持人的个人习惯、个性特点以及节目的具体内容等因素还会生发出许多其他的伴随性手势语。比如，康辉在主持《世界周刊》时手势语就很有特点。需要注意的是，这些伴随性手势语绝不是主持人闭门造车"设计"出来的，它没有固定的模式，没有规定的角度，也无须"导演"的引发，它是在个人情感的支配下，随着特定的主题、语境、对象、氛围自然而然地生发出来的。

2. 标志性手势语

还有一种手势语在主持人主持节目的过程中经常可以看到，这种手势语有的是经过主持人独自"设计"出来的，有的则是经过节目编导和主持人一同根据节目的特点进行筛选、提炼而特别"打造"出来的，这就是——标志性手势语。

标志性手势语是电视综艺节目主持人常用的一种手势语，它作为电视综艺节目的一种宣传"符号"，通过节目主持人巧妙地运用，可以起到一定的"标识"作用，达到良好的"宣传"效果，如图4-13至4-15。

图4-13 《非常6+1》标志性手势语　　图4-14 《幸福账单》标志性手势语　　图4-15 《中国好声音》标志性手势

《幸福账单》中主持人的标志性手势语

一般情况下，在电视综艺节目的开场，主持人初次亮相时，会配合节目的宣传语做出标志性手势语。比如，中央广播电视总台综艺频道的《幸福账单》，就是先由主持人朱迅进行开场的表达（"幸福账单"），然后再由主持人马跃、宫岩和表演嘉宾以及现场的观众一起配合朱迅完成（"为你买单"）开场主持。同时，在这个过程中由几位主持人一同完成节目的标志性手势语。

《开门大吉》中主持人的标志性手势语

标志性手势语有时也出现在节目主持的过程中，往往由主持人与表演嘉宾或现场的观众一同在互动中呈现。比如，中央广播电视总台综艺频道的电视节目《开门大吉》，除了主持人尼格买提在开场主持中会运用标志性手势语之外，在每一位表演嘉宾进行表演前，主持人与表演嘉宾及现场的观众还会一同做出"开门大吉"的标志性手势语。

（三）电视节目主持人手势语的运用

为了加强语言的表达效果，在节目主持的过程中，主持人总会自觉或不自觉地使用手势语。运用一定的手势语是吸引观众不可缺少的手段,恰当、得体的手势语可以使语言表达更为生动活泼、更富有感染力。手势语对主持人语言表达的作用有三个层面:最基本的是辅助主持人有声语言的表达,进一步是增加主持人语言表达的色彩,更高层面的是塑造出主持人表达时的个性魅力。

"每位主持人要认真设计和训练自己的手势动作。能够有自己独到的手势动作体系,建立自己的个性仓库,在说话的过程中,个人'仓库'里的手势要自然而然地随着语言而动作,千万不要为某句话设计动作,那样多数都会失败的。"[1]这段表述完全涵盖了伴随性手势语和标志性手势语在运用中的要求,具体如下:

1. 伴随性手势语的运用

伴随性手势语是伴随着主持人有声语言表达的一种手部动作的自然流露,它没有经过主持人前期的"设计",多是主持人无意识的一种体现。所以,在运用这种手势语时,既要做到自然得体,又要做到真实准确,同时还要做到适度运用。如果手势语的运用与表述的内容不符,就会给观众一种误导,从而干扰观众对信息的接受;如果手势语运用得过于繁杂,就会分散观众的注意力,影响观众对传播内容的接收。

2. 标志性手势语的运用

标志性手势语的形成有两种情况,一种是由主持人或节目编导经过精心"设计"而形成的符合节目性质和特点的"标志"性手势动作,比如《出彩中国人》《幸福账单》等电视节目中的标志性手势动作;一种是没有经过前期的"设计",由主持人在节目主持的过程中,自然而然"生发"出来的一种手势动作,这一手势动作多次出现于主持人的表达之中并被观众所接受,逐渐固定成为主持人的一种个性化"语言"。比如,李咏在《非常6+1》中的标志性手势语和主持人金星在《金星秀》中的标志性手势语都已被观众所熟知。所以,主持人在"设计"标志性手势语时,既要符合节目的性质又要符合自身的个性特点,在具体的运用中,既要做到准确恰当的体现,还要注意与搭档动作的配合,同时能够在恰当的时刻,带动起现场的观众一起配合完成,从而真正起到"标志"的作用。

除了把握上述两种手势语在具体运用中的要求之外,还要注意在不同的语境中,面对不同的交流对象或根据不同的节目性质以及不同的景别,准确、恰当地运用自己的手势语。

---

[1] 许嬿,周嘉丽.电视节目主持人风格与节目主持艺术[M].成都:西南交通大学出版社,2014:59.

手势语在具体的运用中既要注意交流的对象，也要适应不同的语境。比如，小范围说话或与年长的人交流时，手势语要运用得少一些，否则会给长辈一种高傲或轻浮的感觉；大范围说话或与文化水准不高的人交流时，手势语则可以运用得稍多一些，以辅助他人更好地理解所要表述的内容，但也要注意度的把握，如果手势语运用得过多，就会显得指手画脚，让人产生反感；在与小朋友进行交流时，手势语则可运用得多一些，并能做到活泼且适度的夸张，因为这样不仅会帮助小朋友理解主持人表述的内容，而且能够增加童趣，与小朋友融为一体。

手势语在具体运用时还要考虑节目的类型和摄像机给出的不同景别。一般来说，"新闻、专题访谈类节目主持人的手势语不宜运用得过多，幅度也不宜过大，否则会显得不真实、不沉稳；而综艺节目主持人的手势幅度又不宜太小，否则显得小气、死板；少儿节目主持人的手势语可以多一些，因为丰富、活泼的手势语更易于少年儿童心理的接受；而气象节目主持人应该注意手势方位的准确性"[1]。根据不同的景别也应当适度地调整自己的手势幅度。当摄像机给出近景（人体胸部以上）时，一般不使用手势语；当摄像机给出中景（人体膝部以上）时，主持人手势语运用的幅度不宜过大，否则就超出了摄像机的镜头；当摄像机给出全景（人体的全部和周围背景）时，比如出镜记者在室外进行现场报道，手势语则可以运用得多一些，同时手势语的运用还要与所处的环境融为一体。

总之，对于主持人来说，既要敢用自己的手势语，又要用得准确、恰当、自然、得体，同时还要用之有度，并在不断的实践中摸索出自己的"套路"，使之成为自己个性化的一种"标志"。

二、手势语元素训练

对于手势语的训练有三个步骤：第一步，进行手势语的元素训练；第二步，结合体态语的其他元素及稿件内容进行综合训练；第三步，结合电视节目主持进行综合训练。对后两步的训练将在最后一部分"体态元素综合表现"阶段进行，在本章节则着重进行手势语的元素训练。

在本章第一节"目光语元素训练"组合的基础上加入手势动作，分别进行上、中、下区的手势训练。

---

[1] 赵忠祥，白谦诚. 主持人技艺训练教程[M]. 武汉：武汉大学出版社，2003：147.

（一）准备动作

在身体保持直立的状态下，面向身体的1点站立。准备时，男生双脚打开与肩同宽的距离，脚尖朝前，女生"丁字步"站立；双臂自然放松，下垂于身体两侧；在颈部拉长、头部摆正的基础上双眼平视前方。

（二）动作过程

在准备动作的基础上，以双眼的正前方为中心点，依次进行目光语8个空间点的移动和变化，并在目光语变化的过程中加入手势动作，整个移动和变化的路线呈"米"字形：

1. 左斜前方

首先，双眼由正前方水平向左移动至身体8点的位置，看向左斜前方；然后，左手手臂向上抬起，同时四指（食指、中指、无名指和小拇指）并拢，拇指微微地向上张开，掌心朝向身体2点的位置，大拇指的指尖与左肩在同一高度，其余四指的指尖与目光朝向同一位置（图4-16）；接下来，在目光原路返回至身体1点位置的同时，左手手臂自然落回至身体的一侧。

图4-16

2. 右斜前方

首先，双眼由正前方水平向右移动至身体2点的位置，看向右斜前方；然后，右手手臂向上抬起，同时四指（食指、中指、无名指和小拇指）并拢，拇指微微地向上张开，掌心朝向身体8点的位置，大拇指的指尖与右肩在同一高度，其余四指的指尖与目光朝向同一位置（图4-17）；接下来，在目光原路返回至身体1点位置的同时，右手手臂自然落回至身体的一侧。

图4-17

3. 左斜上方

首先，双眼由正前方向左移动并看向身体8点的上方位置，形成水平向上的45度角，看向左斜上方；然后，左手手臂向上抬起，同时四指（食指、中指、无名指和小拇指）并拢，拇指微微地向上张开，掌心朝向身体2点的位置，大拇指的指尖略高于左肩的位置，其余四指的指尖与目光朝向同一位置（图4-18）；接下来，在目光从左斜上方直接回至身体1点位置的同时，左手手臂自然落回至身体的一侧。

4. 右斜上方

首先，双眼由正前方向右移动并看向身体2点的上方位置，形成水平向上的45度角，看向右斜上方；然后，右手手臂向上抬起，同时四指（食指、中指、无名指和小拇指）并拢，拇指微微地向上张开，掌心朝向身体8点的位置，大拇指的指尖略高于右肩的位置，其余四指的指尖与目光朝向同一位置（图4-19）；接下来，在目光从右斜上方直接回至身体1点位置的同时，右手手臂自然落回至身体的一侧。

图4-18

图4-19

5. 左斜下方

首先，双眼由正前方向左移动并看向身体8点的下方位置，形成水平向下的45度角，看向左斜下方；然后，左手手臂向上抬起，同时四指（食指、中指、无名指和小拇指）并拢，拇指微微地向上张开，掌心朝向身体2点的位置，大拇指的指尖略低于左肩的位置，其余四指的指尖与目光朝向同一位置（图4-20）；接下来，在目光从左斜下方直接回至身体1点位置的同时，左手手臂自然落回至身体的一侧。

图4-20

6. 右斜下方

首先，双眼由正前方向右移动并看向身体2点的下方位置，形成水平向下的45度角，看向右斜下方；然后，右手手臂向上抬起，同时四指（食指、中指、无名指和小拇指）并拢，拇指微微地向上张开，掌心朝向身体8点的位置，大拇指的指尖略低于右肩的位置，其余四指的指尖与目光朝向同一位置（图4-21）；接下来，在目光从右斜下方直接回至身体1点位置的同时，右手手臂自然落回至身体的一侧。

7. 正上方

首先，双眼由正前方向上移动并看向身体1点的上方位置，形成水平向上的45度角，同时看向上方5米以外的位置；然后，双手手臂向上抬起，并分别向外打开至2点（右手）和8点（左手）的位置，同时四指（食指、中指、无名指和小拇指）并拢，拇指微微地向上张开，两手的掌心分别朝向身体2点（左手）和8点（右手）的上方位置，两手大拇指的指尖略高于肩部的位置，其余四指的指尖与目光朝向同一位置（图4-22）；接下来，在目光从身体的上方原路返回至身体的前方位置时，双手手臂自然落回至身体的两侧。

图4-21

图4-22

8. 正下方

首先，双眼由正前方向下移动并看向身体1点的下方位置，形成水平向下的45度角，同时看向下方5米以外的位置；然后，双手手臂向上抬起，并分别向外打开至2点（右手）和8点（左手）的位置，同时四指（食指、中指、无名指和小拇指）并拢，拇指微微地向上张开，两手的掌心分别朝向身体2点（左手）和8点（右手）的上方位置，

图4-23

两手大拇指的指尖略低于肩部的位置,其余四指的指尖与目光朝向同一位置(图4-23);接下来,在目光从身体的下方原路返回至身体的前方位置时,双手手臂自然落回至身体的两侧。

(三)音乐伴奏

音乐伴奏和目光语元素训练的音乐伴奏相同。

(四)要领提示

在手势语的元素训练中,应当注意以下几点要求:

1. 手臂要自然弯曲

在手臂向上抬起的过程中,不要将手臂完全伸直,否则会显得僵硬;同时,大臂与小臂的棱角不可过大,否则会显得小气。

2. 腋下要微微张开

当手臂向上抬起时,大臂与腋下应打开一定的距离;反之,如果大臂与腋下夹得过紧,就会显得拘谨、小气。

3. 手心要自然铺开

当手臂向上抬起时,手掌要自然地铺开,切忌蜷缩手掌,同时也不可过于僵直。

4. 四指要适度并拢

当手掌自然地铺开后,四指(食指、中指、无名指和小拇指)要适度并拢,同时拇指微微地向上张开,切忌五指张开。

5. 起落要趋于自然

手臂的抬起和落回要自然,抬起时不要"起范儿";落回时不要向内侧夹大臂。

6. 幅度要合理控制

手臂打开的幅度既不可过大,否则会显得过于夸张,也不可打开的幅度过小,否则会显得过于小气,要做到控制合理。

7. 切忌"舞蹈范儿"

体态语的训练整体讲求"生活的动作规范化，规范的动作生活化"。所以，在整个手势语元素训练的过程中既要做到规范，又要将规范的要求还原于生活的表达。有的学生在训练中过于追求手势动作的"美感"，而出现了"舞蹈化"的动作，这种情况是需要我们予以避免的。

第五章
体态元素强化训练（二）

目光语的交流、表情语的体现、手势语的表达和姿态语的运用是构成主持人体态语的四大元素。通过上一章的学习，我们从理论概述和元素训练的角度对主持人的目光语、表情语和手势语有了一定的了解和把握。在本章中，我们将围绕主持人"姿态语的运用"，从端庄文雅的坐姿、直立挺拔的站姿、轻盈稳健的走姿和大方得体的蹲姿四部分进行体态元素的规范训练。

第一节 端庄文雅的坐姿

俗话说"站有站相，坐有坐相"，这是中华民族礼仪文化的一种体现，也是对一个人行为举止最基本的要求。主持人在主持节目时，就身体姿态的运用来说，不外乎坐姿、站姿或小范围的走姿三种主持样态。本节学习内容将主要针对主持人的"坐姿体态"进行理论概述和元素训练。

一、坐姿体态概述

坐姿，是指人在坐着时候的姿态。它是一种可以维持较长时间的工作劳动姿势，也是一种主要的休息姿势，更是人们在社交、娱乐中的主要身体姿势。良好的坐姿不仅有利于身体健康，而且能够塑造沉着、稳重、端庄、文雅的个人形象。

一个规范、得体的坐姿体态通常由"入座""落座"和"离座"三个步骤完成。

(一)坐姿的基本要领

1. 入座

在较为正式的场合、面对高度适中的座椅时,应当以轻盈、稳健的步态,从容地走到座椅前。在走步的过程中,切忌步伐过快,以免给人一种"抢座"的感觉。当走至座椅前方时,应当自然地转身,背对座椅。

2. 落座

右脚向后撤半步,待腿部接触到座椅的边缘后,保持上身的控制轻而稳地落座。落座时,双手可以顺势放置于腿面,以保持上身的稳定;落座的位置应当准确,以免给人一种坐空的感觉。女士落座时,若着裙装,应先用双手拢裙,不要等入座后,再重新站起来整理衣裙。落座后,右脚再向前上半步,至与左脚并排的位置;同时,应以坐在椅面的三分之二处为宜。

上身应保持与站姿体态一致的要求,即拔背立腰、抬头挺胸、气息下沉、立颈含颌、头部摆正、面带微笑、目视前方,切忌出现弓胸含背、端肩缩脖的不良体态。

下身的基本要求为,双脚平落地面,上身与大腿、大腿与小腿均应成直角。男士双腿以打开一拳至两拳的距离为宜;女士则以双膝并拢为好。若非正式场合,则可以采用其他的坐姿体态。

3. 离座

离座时,右脚应先向后收半步,然后再站起。站起时,双手扶在腿面上,腿部的力量将上身支撑起来。注意,动作不要过于迅猛。站起后,右脚自然地上前半步,回到双脚并排的位置,以保持重心的稳定;同时,也要保持上身的直立状态。

(二)坐姿的分类

通常情况下,女士的坐姿分为标准式、前伸式、交叉式、前伸后屈式、后点式、侧点式、侧挂式和重叠式八种体态。

1. 标准式

标准式坐姿体态也称"正襟危坐式"或"第一坐姿",这种坐姿体态多在初次与人交流时采用,适用于最为正式的场合。具体要求为:拔背立腰、抬头挺胸、气息下沉、立颈含颌、头部摆正、面带微笑、目视前方；两臂自然弯曲，两手交叉叠放在偏左腿或偏右腿的位置，并靠近小腹；两膝并拢，小腿垂直于地面，两脚脚尖朝向正前方。着裙装的女士在入座时要用双手将裙摆内拢，以防坐出褶皱或因裙子打折而使腿部裸露过多（图5-1至图5-3）。

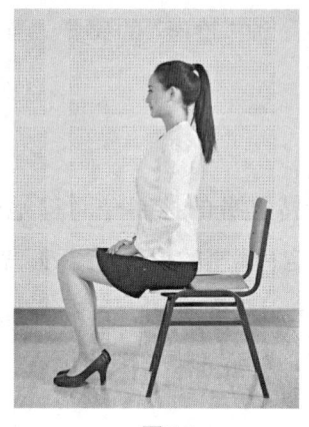 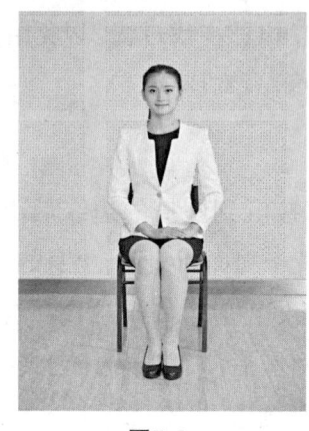 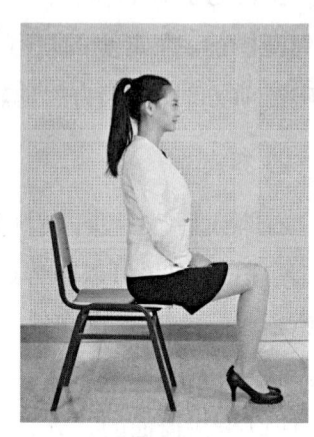

图5-1　　　　　　图5-2　　　　　　图5-3

2. 前伸式

前伸式的坐姿体态多在与人面对面交谈时采用，具体要求为：在标准式坐姿体态的基础上，两小腿向前伸出一脚的距离，脚尖不要翘起。同时，上身略向前倾，表示对对方的尊敬（图5-4至图5-6）。

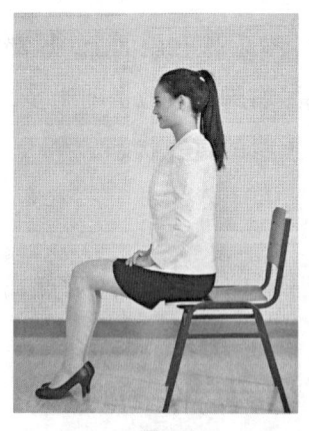 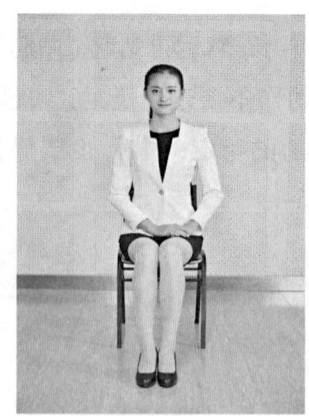 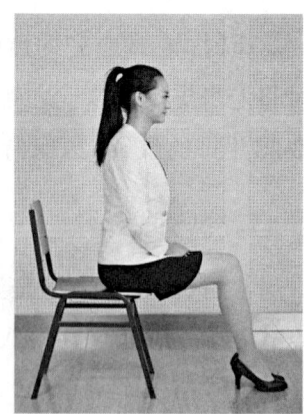

图5-4　　　　　　图5-5　　　　　　图5-6

3. 交叉式

交叉式坐姿体态适用于一般场合,具体要求为:在标准式坐姿体态的基础上,双脚在踝部交叉。交叉后的双脚可以内收,也可以斜放,但不宜向前方较远地直伸出去(图5-7至图5-9)。

图5-7　　　　　　　　图5-8　　　　　　　　图5-9

4. 前伸后屈式

前伸后屈式是一种较为优美的坐姿体态,具体要求为:在标准式坐姿体态的基础上,向前伸出一条腿,并将另一条腿后屈,大腿靠紧,两脚脚掌着地,并保持在一条直线上(图5-10、图5-11)。

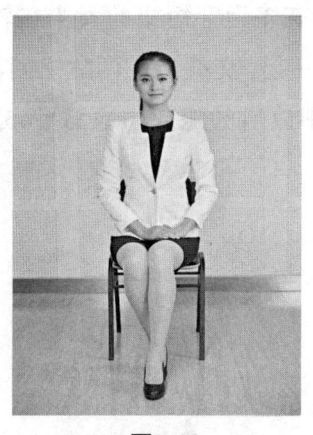 

图5-10　　　　　　　　图5-11

5. 后点式

后点式也叫后屈式，或双脚内收式，这种坐姿体态适用于一般场合，具体要求为：两小腿后屈，脚尖着地，双膝并拢（图5-12）。

6. 侧点式

侧点式也叫双腿斜放式，这种坐姿体态适用于穿裙装的女性坐在偏低的座椅上，具体要求为：双膝先并拢，然后双脚向左或向右斜放，力求使斜放后的腿部与地面成45度角（图5-13、图5-14）。

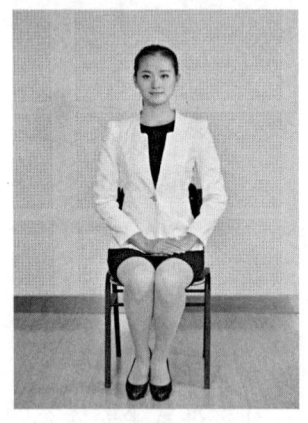  

图5-12　　　　　　　图5-13　　　　　　　图5-14

7. 侧挂式

侧挂式也叫双腿叠放式，这种坐姿体态多为穿短裙的女士在较为正式的场合采用，具体要求为：将双腿一上一下交叠在一起，交叠后的两腿之间没有任何间隙，犹如一条直线。双腿斜放于左侧或右侧，斜放后的腿部与地面呈45度角，叠放在上的脚尖垂向地面（图5-15、图5-16）。

图5-15　　　　　　　图5-16

8. 重叠式

重叠式坐姿体态也就是我们通常所说的"翘二郎腿",长时间采用这种坐姿体态容易造成腰椎与胸椎压力分布不均,引起腰痛;同时,双腿长时间的互相挤压,会影响下肢的血液循环,容易造成静脉曲张等疾病。所以,此坐姿体态建议少用。具体要领为:在标准式坐姿体态的基础上,一条腿向前,一条腿向上提起,腿窝落在另一条腿的膝关节上。注意,翘在上面的腿要向里收回并贴在另一条腿上,脚尖向下(图5-17、图5-18)。

图5-17

男士常用的坐姿分为标准式、前伸式、交叉式、后点式和重叠式五种体态。

1. 标准式

标准式坐姿体态也称为垂腿开膝式或第一坐姿,这种坐姿体态多在初次与人交流时采用,适用于最为正规的场合。具体要求为:拔背立腰、抬头挺胸、气息下沉、立颈含颔、头部摆正、面部自然、目视前方,两臂自然弯曲,两手自然地放置于大腿面。双膝打开一拳至两拳的间距,一般以不超过肩宽为宜。上身与大腿、大腿与小腿皆成直角,小腿垂直于地面,两脚脚尖朝向正前方(图5-19至图5-21)。

图5-18

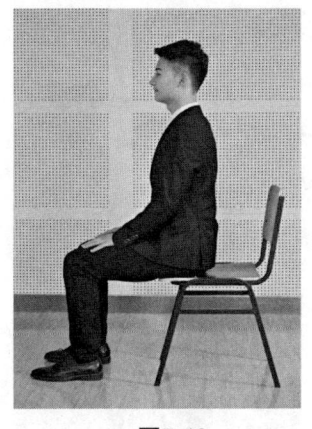

图5-19

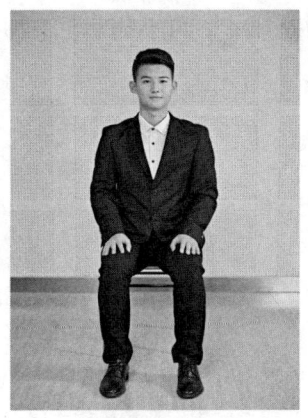

图5-20

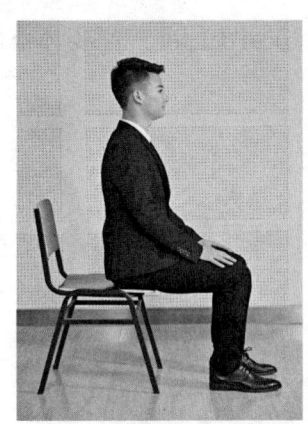

图5-21

2. 前伸式

前伸式的坐姿体态多在与人面对面交谈时体现,具体要求为:在男士标准式坐姿体态的基础上,小腿向前伸出一脚的距离,脚尖不要翘起。同时,上身略向前倾,表示对对方的尊敬(图5-22至图5-24)。

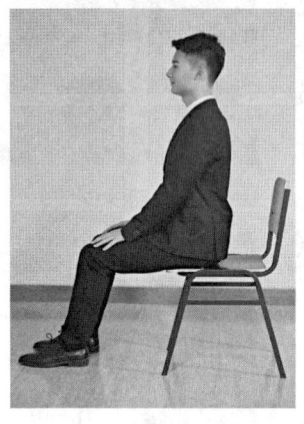
图5-22
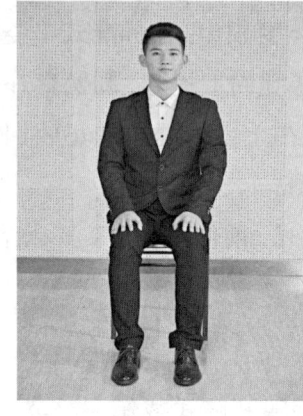
图5-23
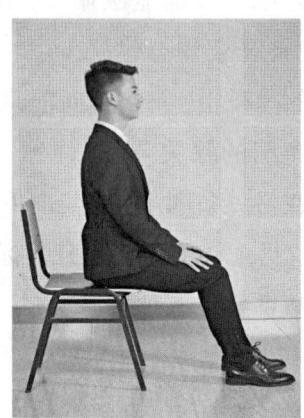
图5-24

3. 交叉式

交叉式坐姿体态适用于一般场合,具体要求为:在男士标准式坐姿体态的基础上,双脚在踝部交叉。交叉后的双脚可以内收,但不宜向前方较远地直伸出去(图5-25、图5-26)。

4. 后点式

后点式也叫后屈式,或双脚内收式。这种坐姿体态适用于一般场合,具体要求为:在男士标准式坐姿体态的基础上,两小腿后屈,脚尖着地(图5-27)。

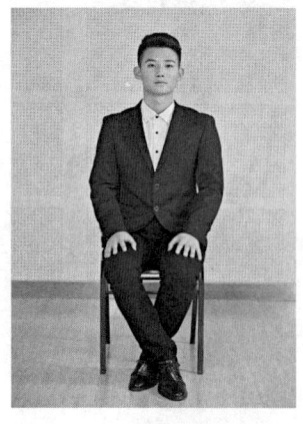
图5-25
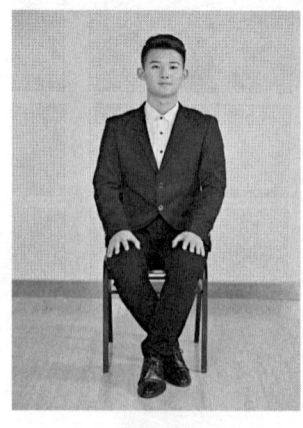
图5-26
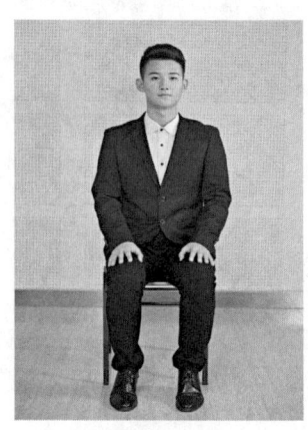
图5-27

5. 重叠式

重叠式也叫大腿叠放式，就是我们通常所说的"翘二郎腿"。这种坐姿体态多适用于非正式场合，具体要求为：两条腿的大腿部分叠放在一起，叠放之后位于下方的一条腿垂直于地面，位于上方的另一条腿的小腿则向内收，同时脚尖向下（图5-28、图5-29）。

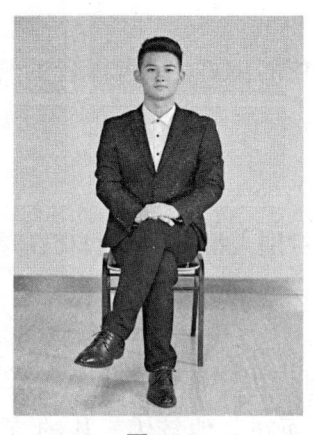
图5-28

图5-29

注意，无论采用何种坐姿，都切忌两个膝盖朝外侧分开，两脚呈八字形，女性如果这样做尤其不雅；同时，也不可两脚脚尖朝内，脚跟朝外，这种内八字形的坐姿也极为不雅。当两腿交叠而坐时，悬空的脚尖应向下，切忌脚尖朝上或上下抖动。

（三）坐姿的"内在语"

坐姿体态作为体态语的一个重要组成部分，也具备了一定的"语言"功能。正确而优雅的坐姿是一种文明行为，它既能体现一个人的形态美，又能体现其行为美。从心理学层面上说，它还可以展现一个人的内心状态。

1. 落座较浅，坐在椅子边缘

当面对长辈或上司时，很多人都会坐在椅子的边缘部分。这种坐得很浅的姿势，是一种时刻保持紧张状态的行为。

2. 正襟危坐，两脚并拢并微微向前

说明为人真挚诚恳，胸怀坦荡，做事有条不紊，但容易较真，力求周密而完美。

3. 双腿交叠,自然松弛而坐

说明较为自信,懂得如何生活,周围的人际关系也比较融洽。

4. 脚尖并拢,脚跟分开而坐

说明为人谨慎、矜持,没有足够的自信,做事易犹豫不决,有时过分的一丝不苟将影响变通性。

5. 敞开手脚而坐

说明性格外向,暗示可能具有主管一切的偏好,有指挥者的气质或支配性的性格。

6. 腿脚不停抖动

说明较为自私,凡事从利己角度出发,对别人很吝啬,对自己却很纵容。

(四)主持人的坐姿体态

主持人的坐姿体态多是在主持节目的过程中体现的。一般来说,在坐姿"播新闻"节目中多采用"端坐"的坐姿体态;而在其他较为轻松的节目中则采用"倾坐""靠坐"或"侧坐"的坐姿体态,采用这些坐姿方式既可以实现与观众的交流,也能够照顾到现场的嘉宾,灵活地实现双向交流。

总体来说,主持人的坐姿体态应当做到端庄、文雅。同时,也应当根据虚拟演播室的场景设计和主持节目时座椅的高度,灵活调整自己的坐姿体态。

1. 有演播桌时,座椅高度适中

在以《新闻联播》为代表的采用坐姿播新闻的节目中,主持人所坐的座椅一般是高度适中的,且身体的前方多有演播桌。主持人在播报新闻的过程中,摄像机给出的景别一般为近景,观众可以通过电视屏幕看到主持人的整个上半身。这就需要主持人在播报新闻的过程中,采用"端坐"的坐姿体态,即上身在保持直立、挺拔的基础上,头部放正并目视前方;前臂自然地放置在演播桌上;双臂自然地贴于身体两侧,但不要夹得过紧。

由于端坐时,镜头相对固定,有时需要主持人出镜的时间较长,这就需要主持人既要有保持上身体态的控制意识,又能通过小幅度的手部动作来避免身体的"僵持感"。例如,两手可以放在桌面上并拿起稿件的边缘;或一手握笔,另一手放置在桌面的稿件上,有时做出翻放稿件的动作。要注意手部动作不宜过多,否则就会转移观众的注意力。

当两人同时出镜时,不说话的一方也可以通过适度、微小的头部动作予以配合说话的一方,来化解端坐时身体的"僵持感"。例如,《新闻联播》的主持人海霞在与搭档同时出镜时,会通过适当"点头"的动作,来配合搭档新闻播报的过程,不仅避免了身体的"僵持感",而且对搭档播报的内容予以肯定,较好地获得了双人配合的效果。

当身体的前方有演播桌遮挡时,即使观众看不到主持人的下半身,但由于端坐时对上半身体态的要求,也需要主持人调整好自己的下半身动作。一般来说,主持人以着平跟鞋为宜。落座后,应及时地调整至自己最为舒适的下半身动作,以保持端坐时上半身的稳定性和挺拔感。在调整下半身动作时,应注意避免出现"重叠式"的腿部动作,因为这样的动作短时间做虽然觉得舒服,但双腿长时间的互相挤压,会影响下肢的血液循环。如果以这样的腿部姿态进行新闻播报,比较容易出现双腿麻木的症状。当双腿感觉到麻木后,再进行动作调整的话,不仅会分散新闻播报时的注意力,而且会使身体产生轻微的晃动,影响端坐时上半身的稳定性。

2. 无演播桌时,座椅高度适中

主持人以坐姿体态主持节目时,有时身体的前方没有演播桌,有时即使有演播桌,也是作为场景氛围的营造或画面需要而做出的摆设。例如,在一些电视节目中,会通过舞台上桌椅的摆放来营造一种特殊的会客场景。当主持人在这样的空间、坐在高度适中的座椅上主持节目时,由于其坐姿体态完全"暴露"在观众的视线中,所以除了做到规范的上身体态之外,还应当注意腿部的摆放。

一般情况下,若节目的氛围较为严肃、正式或交流对象为长辈时,宜选用"标准式"的坐姿体态,以示对长辈的尊敬;若节目的氛围较为轻松或面对一般的访谈嘉宾,女性主持人则宜采用其他的坐姿体态,如选用"侧点式"或"侧挂式"的坐姿体态能展现出女性端庄、优雅的魅力。男性主持人则以选用"标准式"的坐姿体态为主,在非正式的场合,也可以选用"重叠式"的坐姿体态。

3. 座椅偏高时

在有些电视节目中,演播室或舞台上摆放了"吧椅"或"高脚凳"。例如,《开心辞典》《新闻周刊》《世界周刊》等电视节目,就需要主持人坐在位置较高的"吧椅"上完成主持工作。

当面对这种位置偏高的座椅时,主持人宜采用"重叠式"或"前伸后屈式"的坐姿体态。在"重叠式"的坐姿体态中,主持人需要两腿重叠,翘在上面的腿要内收,同时脚尖向下;在"前伸后屈式"的坐姿体态中,主持人的一只脚收回并放在椅子的支架上,另一只脚则向下伸直,脚掌着地。

4. 座椅偏低时

在有些电视访谈节目中,演播室或舞台上摆放了沙发、茶几等物件,这些物件的摆放可以营造出一种温馨、舒适的氛围,也有利于主持人和访谈嘉宾的交流。

在这些位置偏低的座椅或沙发上就座时,男性主持人宜采用"标准式"的坐姿体态;女性主持人则宜采用"侧点式"的坐姿体态。

二、坐姿体态元素训练

坐姿体态元素训练主要从入座、落座和离座三个部分展开,具体如下:

(一)入座

在形体室的中央位置摆放一把高度适中的椅子。首先,在离椅子较远的一侧站定;其次,从站定的位置走至椅子的前方,注意走姿;再次,身体自然转身,背对椅子;最后,右脚向后撤半步,待腿部接触到座椅的边缘后,保持上身的控制轻而稳地落座。

(二)落座

落座后,统一形成"标准式"的坐姿体态。女生依次完成从"标准式"到"前伸式""交叉式""前伸后屈式""后点式""侧点式""侧挂式"和"重叠式"八种坐姿体态;男生依次完成从"标准式"到"前伸式""交叉式""后点式"和"重叠式"五种坐姿体态。在做每一种坐姿体态时,都需要注意具体的要求。

(三)离座

待所有的坐姿体态依次做完后,回到"标准式"的坐姿体态,进行"离座"过程的训练。离座时,右脚应先向后收半步,然后再站起;站起后,右脚自然地上前半步,回到站姿体态;接着转身,从椅子的一侧离场。注意整个"离座"过程具体要求的体现。

由于主持人的坐姿体态多是在节目主持的过程中体现的,所以在之后的"体态元素综合表现"阶段,我们会以"节目主持"的形式进行体态元素的综合训练。

第二节 直立挺拔的站姿

俗话说"坐如钟,站如松"。意思就是,坐,要像一座钟那样端正;站,要像松树一样直立、挺拔。这是对坐姿和站姿体态的基本要求,也是中华民族礼仪文化的一种体现。在上一节,我们对坐姿体态有了一定的了解。在本节,我们将针对主持人的站姿体态进行理论概述和元素训练。

一、站姿体态概述

站姿就是一个人站立的姿势。具体来说,是指人的双腿在直立、静止状态下所呈现出的一种身体姿态。站姿是人的一种本能,它是人们平时所采用的一种静态的身体造型,同时又是其他动态身体造型的基础和起点,最易表现人的姿势特征。在交际中,站立姿势是一个人全部仪态的核心。

(一)站姿的基本要领

站姿的整体要求是直立、挺拔。站立时,身体的每一个部位都有具体要求。首先,双脚的重心要稳并扎实有力地踩在地板上,就像大树的根一样,根基稳固才能更好地支撑起整个上身。其次,在双脚站定的基础上,双腿要伸直并保持肌肉的紧绷状态,做到直膝绷腿;臀部收紧、上提的同时腹部收回,做到提臀收腹;腰部立起的同时整个后背的脊柱也要保持直立,肩胛骨下挂,后背舒展地打开并向上拔起,做到拔背立腰;胸部挺起时不要憋气,做到呼吸放松、气息下沉;头部抬起,做到抬头挺胸;双肩放松打开的同时颈部向上立起,在立起的过程中要注意下颌内含,做到立颈含颌。最后,整个头部摆正的同时面部表情要做到自然、放松,双眼平视前方。

简言之就是:双脚扎稳、直膝绷腿、提臀收腹、拔背立腰、抬头挺胸、气息下沉、立颈含颌、头部摆正、面部自然、目视前方。

当身体各个部位按照要求做到后,也就做到了符合身体直立的要求。在身体直立的基础上还要能感受到一种不断向上延伸的力量。这种力量从脚下开始,到脚跟,到两腿之间,再到尾椎、腰椎、胸椎、颈椎及头顶并无限向上延伸,就像用一根"线"把整个人抻起来一样,在抻起的过程中无限向上拉长。

(二)站姿的分类

保持良好的站姿体态,不仅有利于身体的健康,而且对人的社会交际、工作、生活等方面也会起到促进作用。在日常交际中,根据不同场合、不同礼仪规范的要求,需要呈现出不同的站姿体态。

通常情况下,在相对正式的场合,站姿分为肃立和直立两种体态。

肃立多用于升国旗、奏国歌、出席庆典仪式、接受奖品、接受领导接见、听悼词等庄严的仪式场合。肃立时,身体保持直立,双手放置于身体两侧,双腿自然并拢,两脚脚跟靠紧,脚掌分开呈"V"字形(图5-30、图5-31)。

图5-30　　　　　图5-31

直立多用于较为正式的其他场合,比如礼仪迎宾、前台站立服务等场合。直立时,在身体各部位都符合要求的基础上,双手可以自然下垂于身体两侧,也可以放置于腹部的前方。女士将右手搭握在左手的四指上,两脚成"V"字形;男士则右手握住左手手腕,两脚可平行分开,一般以不超过肩宽为宜(图5-32、图5-33)。

图5-32　　　　　图5-33

根据站立时手臂摆放位置的不同,站姿还可以分为体侧垂手式、体前交叉握手式和体后背手式等姿态。

1. 体侧垂手式

体侧垂手式一般适用于较为正式或庄重的场合,具体要领是,在基本站姿的基础上,双手下垂于身体的两侧,双眼平视前方。女士两脚脚跟靠拢,站成"V"字形;男士两脚在"V"字形的基础上,脚跟可以打开一拳至两拳的距离,打开后,两脚脚尖的距离与肩宽一致(图5-34、图5-35)。

图5-34

图5-35

2. 体前交叉握手式

体前交叉握手式一般适用于礼仪迎宾或前台的站立服务等场合,具体要领是,在基本站姿的基础上,双手放置于腹部前方。女士将右手搭握在左手的四指上,两脚成"V"字形;男士则右手握住左手手腕,两脚可平行分开,一般以不超过肩宽为宜。

3. 体后背手式

体后背手式一般多为男士所用,常见于酒店服务、安保服务等场合。具体要领是,在基本站姿的基础上,双手背在体后,交叉相握;两脚在"V"字形的基础上,脚跟打开一拳至两拳的距离,打开后,两脚脚尖的距离与肩宽一致(图5-36)。

图5-36

(三) 站姿的"内在语"

站姿体态作为姿态语的一个重要组成部分，也具备一定的"语言"功能。规范的站姿体态不仅代表一个人的形象气质，而且也是这个人内心思想和行为的一种体现。有的心理学家对生活中不同站姿的人群进行过一定的研究，研究结果证明了这一点。

1. 拔背立腰、抬头挺胸的站立

这种规范的站立姿态属于开放型站姿，说明有充分的自信，给人以气宇轩昂、心情愉快、乐观向上的印象。

2. 弯腰曲背、略显佝偻状的站立

这种不规范的站立姿态属于封闭型站姿，表现出自我防卫、闭锁、消沉的倾向；同时，也表明精神上处于劣势，有惶惑不安或自我抑制的情绪。

3. 两手叉腰而立

这种站立的姿态属于开放型站姿，是具有自信心或精神上保有优势的表现。

4. 别腿交叉而立

这种站立的姿态表示有一种保留态度或轻微拒绝的意思，也是感到拘束或缺乏自信心的表现。

5. 将双手插入口袋而立

这种站立的姿态具有不显露心思、暗中策划盘算的倾向。若同时配合以弯腰曲背的姿势，则是心情沮丧或苦恼的表现。

6. 背手站立

这种站立的姿态多半是自信心很强的人，喜欢把握局势，控制一切。一个人若采用这种姿势站于别人面前，说明他怀有居高临下的心理状态。

(四) 主持人的站姿体态

在上一节我们提到："主持人在主持节目时，就身体姿态的运用来说，不外乎坐姿、站姿或小范围的走姿三种主持样态。"在这三种不同的主持样态中，"站姿主持"已经成为越来越多的电视节目对主持人的一种要求，这是电视节目发展的必然，也是电视观众对电视节目多样化、主持形态多变化的一种必然要求。

就电视新闻节目来说，它已经从单一的"坐姿播新闻"发展至当今的"站姿说新闻",甚至是"走姿聊新闻"等多种主持样态并存的局面。例如,《世界周刊》就是由康辉和李梓萌两位主持人以站姿体态完成的节目。而其他类型的电视节目,尤其是有嘉宾和现场观众参与的大型电视综艺节目更是需要主持人采用站姿的形式来完成主持工作。"在空间、范围较大的画面中,主持人采访嘉宾,接触观众,交流会场,不但能烘托场面的气氛而且能丰富主持人的交流方式。"[①]

电视节目主持人站姿的整体要求为直立、挺拔。同时,女性主持人要在站立的姿态中,体现出一种端庄大气的优雅气质;男性主持人则要彰显出一种阳刚稳重的男子气概。

当电视节目主持人以站姿主持节目时,应当采用直立的站姿体态。具体要领为,双脚扎稳、直膝绷腿、提臀收腹、拔背立腰、抬头挺胸、气息下沉、立颈含颌、头部摆正、面部自然、目视前方。女性主持人两腿并拢、脚跟相靠,站成"V"字形或丁字步(一般情况下,女性主持人以站成"V"字形为宜。也有的女性主持人由于腿型不正,当站成"V"字形后双腿难以合拢,这时,就可以采用丁字步脚位的站立来弥补腿型不正的缺陷,从而增强视觉的美感)。男士两脚在"V"字形的基础上,脚跟可以打开一拳至两拳的距离,打开后,两脚脚尖的距离与肩同宽。同时,在保持身体姿势的基础上,双手可以自然下垂于身体两侧,也可以放置于腹部前方,还可以做出适度的手势动作来辅助有声语言的表达。

有时,主持人在主持节目的过程中需要与身后或侧面的大屏幕进行交流。面对这种情况,如果只是短暂地借助大屏幕对有声语言的表达进行解释或说明的话,则需要主持人在站姿的基础上,微微地转动上身,同时一脚向旁错开一步,将身体的侧面面向观众,待交流完毕后,需要主持人从"错步"回到"V"字形的站姿体态;如果是通过大屏幕与第二演播室的主持人进行互动交流且时间相对较长的话,则需要主持人转身面向屏幕,并将双腿并拢,保持规范的站姿体态与屏幕中的主持人进行对话。

二、站姿体态元素训练

站姿体态元素训练是在第一部分"形体基础规范训练"的基础上,从"把上"(双手扶把站位)移至"中间",进行中间站姿训练。具体过程及要求如下:

女生着正装及高跟鞋,男生着正装,在形体室的中央位置依次排开,站立准备。

---

① 许嬛,周嘉丽.电视节目主持人风格与节目主持艺术[M].成都:西南交通大学出版社,2014:53.

(一)准备动作

准备时,一律采用"直立"的站姿体态。

(二)动作过程

准备动作完成后,授课教师播放一首舒缓的音乐曲目。在音乐播放的过程中,学生需要保持身体各部位的正确姿势并充分感受直立、延伸的内在元素。

(三)结束动作

在音乐播放结束后,还要继续保持身体延伸的状态以及各部位的姿势。当授课教师给出"放松"的指令后,学生方可放松身体。谨记,音乐的结束不是动作的松懈,而是状态的保持和延伸的继续。

第三节 轻盈稳健的走姿

俗话说"行如风",意思就是,行走时,动作要连贯自然、从容大方、轻盈稳健。走姿体态以直立挺拔的站姿为基础,是站姿体态的延续。"走姿体现的是一种动态美,能直接反映一个人的精神风貌,表现一个人的风度、风采和韵味,对个人社会性的塑造起着重要作用。"[①]在上一节的学习中,我们对站姿体态有了一定的了解,在本节内容的学习中,我们将针对主持人的走姿体态进行理论概述和元素训练。

一、走姿体态概述

走姿也称步态或行姿,是指一个人在行走过程中的姿态。具体来说,指的是人的双腿在运动状态下所呈现出的一种身体姿态。"人的走姿千姿百态,每个人都有表现自己个性的步态,所以对走姿不像对站姿和坐姿那样要求,可以各展风采,但总的要求是轻盈稳健。"[②]在日常生活中,拥有良好的走姿体态不仅会显得年轻、有活力,而且可以彰显自身的气质与修养。从健康的角度来说,规范走姿也可以防止身体的变形走样,甚至可以预防颈椎疾病。

---

① 王晶,张岩松.形体训练与形象设计[M].北京:清华大学出版社,2011:21.
② 赵忠祥,白谦诚.主持人技艺训练教程[M].武汉:武汉大学出版社,2003:150.

（一）走姿的基本要领

走姿体态的整体要求为轻盈、稳健。女士走姿要轻盈飘逸，似"淑女"般窈窕婀娜，体现出女士柔情、恬静、娇巧的阴柔美；男士走姿则要潇洒阳刚，似"绅士"般庄重稳健，体现出男士坚定、刚毅、洒脱、气势磅礴的阳刚美。

走姿体态的具体要领为"双眼平视臂放松，以胸领动肩轴摆，收髋提膝小腿迈，跟落掌接趾推送"[1]。走姿的训练是在站姿训练的基础上进行的，对上身的要求与站姿中对上身的要求相近，重点要加强动态中手臂与下身的训练。

1. 上身

上身基本保持站姿的标准姿势，即提臀收腹、拔背立腰、抬头挺胸、立颈含颔、头部摆正、目视前方、面带微笑。

2. 双臂

双臂以身体为中心，以肩为轴，大臂带动小臂，前后自然、协调地摆动。前摆时勿甩前臂，以不超过35度为宜；后摆时勿甩手腕，以不超过15度为宜。手掌自然摊开，朝向身体。

3. 腿部

起步时，身体微向前倾，重心落在前脚掌上；行走时，大腿带动小腿，两腿在一条直线的左右侧并排交替前移，膝关节和踝关节不能紧张僵直，脚尖应朝向前方；落地时要轻盈，注意鞋跟不要发出太大的声响。

4. 步幅

步幅指前脚脚跟到后脚脚尖的距离。在行走时，步幅过大会使身体缺乏稳定性而左右摇晃，步幅过小则会出现扭摆现象。一般来说，前脚的脚跟与后脚的脚尖应为一脚或一脚半的距离。步幅可根据个人的情况和穿着的服饰做出适度调整，如高个子的人步幅相对大一些，男性步幅不宜过小，女性步幅不宜过大，女士穿裙装时要比穿裤装时的步幅略小。

5. 步速

步速指人体行进时的速度。在行走时，步伐要匀速、稳定，一般每分钟保持在100步至120步为宜。同时，也应当根据不同场合适度地调整自己的步速。

---

[1] 彭延春,常蕾.形体训练教程[M].北京：中国轻工业出版社,2010：110.

6. 步态

步态指走路的步伐、姿态和状态。行走时，步态要协调并且有韵律感，同时具有较好的柔韧性。整体的步态要做到上身直立挺拔，步伐有力且富有弹性，双臂摆动轻松自如。同时，根据场合和穿着服饰的不同，步态也应当有所调整：

第一，根据场合的不同，步态应当有所不同。

一般情况下，"参加喜庆活动，步态应轻盈欢快、有跳跃感，以反映喜悦的心情；参加吊丧活动，步态要缓慢、沉重、有忧伤感，以反映悲伤的心情；参加展览、探望病人，环境静谧，脚步应轻而柔，不宜发出响声；进入办公机关、拜访他人，在室内这种特殊场所，脚步应轻而稳；走进会场、走向话筒、迎向宾客，步伐要稳健、大方，充满热情；办事联络，往来于有关系的部门之间，步伐要快捷、稳重，以体现办事者的效率、干练"[1]。

第二，根据穿着服饰的不同，步态也应当有所调整。

一般来讲，直线条服装能让人显得舒展、庄重、大方、矫健，而以曲线条为主的服装则会让人显得妩媚、柔美、优雅、飘逸。

着西装的走姿：西装以直线为主，应当走出穿者挺拔、优雅的风度。穿着西装行走时，后背要保持平正，两脚立直，走路的步幅可略大些，手臂放松，自然摆动。在行走的过程中，男士不要晃动身体，女士不要左右摆胯。

着长裙的走姿：穿着长裙可以展示出女性身材的修长和飘逸的美感。行走时，重心要平稳，步幅可稍大些；转身时，要注意头部和身体相协调，调整头、胸、髋三轴的角度。

着短裙的走姿：穿着短裙可以展示出女性轻盈、敏捷、活泼、洒脱的气质。在行走时，步幅不宜过大，但脚步频率可以稍快些，以彰显女性轻快、灵巧的韵律美感。

着旗袍的走姿：穿着旗袍可以展示出东方女性温柔、典雅的独特风韵。行走时，要求女士身体挺拔、胸部微含、下颌微收，不要塌腰撅臀。同时，步幅不宜过大，以免旗袍开叉过大，露出皮肉。两脚脚跟前后要走在一条线上，脚尖略微外开，两手臂在体侧自然摆动，幅度也不宜过大。站立时，双手可交叉于腹部前方。[2]

行走时，还需要注意避免出现以下几种不正确的走姿体态：

---

[1] 王晶，张岩松.形体训练与形象设计[M].北京：清华大学出版社，2011：21.
[2] 赵忠祥，白谦诚.主持人技艺训练教程[M].北京：武汉大学出版社，2003：150.

上身姿势不正确。例如，行走时上身左摇右晃，重心上下起伏；上身不挺拔，端肩缩脖，弓胸含背或肚子前腆，身体后仰。

手臂摆动的幅度过大。手臂在行进过程中起辅助作用，是一种惯性的自然摆动。前后摆动的幅度要适中，既不可过大，也不可夹着双臂或夹着大臂只进行小臂的摆动。因为大幅度的摆臂动作会让人感觉不稳重，而夹着手臂又会给人一种扭捏、小气的感觉。同时，也不可出现双臂左右式的摆动动作。

下身姿势不正确。例如，在行走时"踢着步子"走、"拖着步子"走或者脚尖的方向不正，呈明显的"外八字"脚、"内八字"脚。再或者两脚的横向间距打开得过大，没有在一条直线的左右侧并排交替前移，而是明显地叉开双脚走等。

步态不规范。例如，行走时步速太快或太慢；步幅过大或过小；手臂、腿部僵直或身体死板僵硬；精神状态不饱满，神情颓废，耷拉着眼皮或低着头走；在正式场合，手插口袋、双臂相抱、倒背双手。再或者不因场合、场地而及时调整脚步的轻重缓急，把地板踩得"咚咚"响等。步态不仅仅是腿部用力、双臂摆动的局部运动，更是全身积极、自然协调的结果。所以，行走中还要杜绝出现"顺拐"等不协调的身体姿态。

（二）走姿的分类

走姿千姿百态，没有固定的模式，或矫健轻盈，或精神抖擞，或庄重优雅。只要与社交场合相协调，并表现出自己的个性，那就是美的。

根据不同的环境，走姿体态也各有不同。下面介绍几种常见的走姿类型：

1. 前行式走姿

前行式走姿是一种方向向前的行走姿势，适用于所有环境。在向前行走时，交流对象一般会固定在身体的正前方，所以这种走姿也可以称为"固定交流对象"式走姿。具体做法是：在走姿体态的基础上，平视前方的交流对象，精神饱满，步态轻盈，步幅、步速适中。

2. 侧行式走姿

侧行式走姿的具体做法与前行式走姿的具体做法基本相同，不同之处在于，行进时，上身要向左或向右微微转动，并采用环视的目光语与前方的交流对象依次交流。所以，侧行式走姿也可以称为"环视交流对象"式走姿。

3. 后退式走姿

后退式走姿是方向向后的行走姿势，适用于特定环境，如与人告别时，为表现礼貌，应向后撤两至三步再转身离开。具体做法是，后退时，小腿抬起的幅度不宜过高，以不拖擦地面为准，步幅应缩小，两腿之间的距离也不宜过大，重心要平稳。①

（三）行走中的礼仪

走姿体态也是中华民族礼仪文化的一部分，无论是在工作中还是在生活中，都应当注意走姿礼仪。

如果是两个人一起行走，行走的规则是"以右为尊""以前为尊"。例如，和客户或上司一同行走的时候，自己应该站在他们的左侧，以示尊重。如果是一位男士和一位女士同行，那么就应该遵照"男左女右"的原则。

如果三人同行，都是男性或都是女性，那么以中间的位置为尊，右边次之，然后是左边。如果是一位男士和两位女士同行，那么男士应该在最左边的位置；如果是一位女士和两位男士同行，则女士在中间。

很多人一起行走时，要"以前为尊"，按照此原则向后排序。

如果在室外行走，应该请受尊重的人走在马路的里侧。如果道路比较狭窄，则应该注意观察周围情形，照顾好同行的人。同时，要保持良好的仪态，不能因为在户外就左顾右盼、四处张望或是推推搡搡、拉拉扯扯，不论多么熟悉的同事和客户，在大庭广众之下也应该保持职业人士的端庄仪态。如果人群拥挤不小心碰到他人、踩到他人或绊倒其他人时，要及时道歉，并给予必要的帮助。如果别人无意识地碰到自己或妨碍到自己，应小心提醒并予以体谅。

在道路上行走，不能三人以上并排，这样会妨碍其他行人和车辆通行，同时也是不安全的做法。到达电梯口、车门口或房门口时，男性应该快走两步为女士服务；在不太平坦的道路或是上下比较高的台阶时，男性也应该适当帮助女士。"女士优先"是国际通行的礼仪规则，同时也是绅士行为的表现。

当一个人行走时，要靠右侧，将左侧留给急行的人，乘坐滚梯时也是这样。其实如果留心，可以看到很多大型超市的滚梯都用黄线标有明显的标记，示意行人乘梯时靠右侧站立。左侧留给急行的人，作为突发意外时的应急通道，可以让救援人

---

① 王晶，张岩松. 形体训练与形象设计［M］. 北京：清华大学出版社，2011：23.

员快速通过。①

（四）主持人的走姿体态

主持人的走姿体态多是在节目主持的开场中体现的。当"节目主持人迈着轻盈的步态走入演播室，对观众而言，无疑更具亲切感和可信度"②。例如，中央广播电视总台综合频道的《焦点访谈》以及新闻频道的《世界周刊》，都是在节目的一开始，镜头跟随着主持人的走姿上场而缓慢移动，直至主持人站定后画面定格；又如东方卫视的电视节目《东方大头条》（原《东方午新闻》），在节目一开始，也是一个全景镜头跟随着主持人的走姿上场而缓缓移动，直至主持人站于主播台前方切换至中近景。

《世界周刊》中主持人的走姿体态

主持人的走姿体态有时也会在主持节目的过程中体现，当主持人需要与身旁或身后的大屏幕进行交流时，会做出转身的动作或进行小范围的空间移动。例如，在中央广播电视总台财经频道的《中国财经报道》中，主持人周蓉经常会运用身后大屏幕上给出的一些数据图来增强语言表达的真实性和可信度；又如，在中央广播电视总台《新闻直播间》的特别节目《微聊亚马孙》中，主持人文静在3D虚拟演播室中时而缓缓移动，时而驻足站立，给观众带来一种身临其境的真实感。

《微聊亚马孙》中主持人的走姿体态

在电视综艺晚会中，主持人的走姿体态更是贯穿于整个节目。"上场可谓是主持人带给观众的亮相动作，而下场则是主持人在经历节目内容情感起伏后的一个结束动作。"③无论是上场、下场还是在主持节目的过程中，都需要主持人有一个规范的走姿体态。

接下来，就从上场、主持过程以及下场三个环节谈谈对主持人走姿体态的要求。

1. 上场时的走姿体态

一般情况下，在有主持人参与的电视节目播出时，会先播放该电视节目的"片头"；待"片头"播放结束后，导播将画面切换至虚拟演播室或演出现场；最后主持人再以走姿体态出场亮相并完成节目的主持工作。

在电视节目中，主持人有时会伴随着"片头"的结束音乐上场；有时则会在"片头"的视频及音乐播放完毕后上场；有时还会跟随着节目的开场音乐上场。

---

① 燕华．关于走姿的礼仪规范［EB/OL］．(2015-12-17)［2018-05-25］．http://www.xuexila.com/liyi/yanxingjuzhi/365421.html，2015年12月17日．

②③ 许嫦，周嘉丽．电视节目主持人风格与节目主持艺术［M］．成都：西南交通大学出版社，2014：54．

例如，在前面提到的《焦点访谈》中，主持人劳春燕就是在节目"片头"（"用事实说话 焦点访谈"）的视频播放完毕后，随着"片头"的结束音乐上场，待"片头"音乐播放完毕后，主持人正好定位，然后再进行节目的开场主持——"您好！观众朋友！欢迎您收看今天的《焦点访谈》。"在《世界周刊》中，主持人康辉则是在节目"片头"的视频及音乐播放完毕后，再上场，然后进行节目的开场主持——"大家周末好！欢迎来到这一期的《世界周刊》。"而在大多数的电视综艺节目中，主持人都会伴随着节目的开场音乐上场。例如，在《我要上春晚》中，主持人都是先跟随着出场音乐从舞台的正后方走至舞台的中央，然后再开始节目的主持——"我要上春晚，你看行不行？"

主持人的上场可谓是主持人留给观众的"第一印象"，能够奠定主持人在观众心中的"底线得分"。要想"第一印象"良好并取得一个不错的"分数"，主持人就需要格外注意自己的走姿体态。一般来说，主持人的上场分为"先走再说"和"边走边说"两种方式。

第一，先走再说。所谓"先走再说"，是指主持人在电视节目的"片头"播放结束后先上场，待定位后，再进行节目的开场主持。

在"先走再说"的过程中，主要突出主持人的"走"。作为节目的开场，主持人应当根据演播室的设计和摄像机的机位选择"前行式"或"侧行式"的走姿体态。同时，主持人在规范的走姿体态的基础上，应当具备积极饱满的状态，在与音乐配合的过程中，要能够把握音乐的节奏，使步态与音乐的律动相协调。男女双人搭档出场时，由于女士步幅较小，男士步幅较大，这就需要男性主持人适当地调整自己的步幅，尽量照顾到搭档；多人搭档出场时，除需要保持适当的间距外，还需要注意整体步伐的协调一致。

第二，边走边说。所谓"边走边说"，是指主持人在电视节目的"片头"播放结束后边上场边进行节目的开场主持；或是在节目主持的过程中，边进行有声语言的表达，边进行空间的移动。

在"边走边说"的过程中，不仅要突出主持人的"走"，而且要突出主持人"走"和"说"的配合。在这个过程中，主持人除了要做到"先走再说"的要求外，还需注意走姿节奏与有声语言节奏的协调一致。不可出现"走得快、说得慢"或者"走得慢、说得快"等不协调的情形。

整体来说，在节目的开场主持中，无论是"先走再说"还是"边走边说"，都需要主持人具备良好的精神状态并保持内心节奏的稳定，使走姿节奏、语言节奏和音乐节奏相统一。同时，主持人也应当根据节目的性质和自身特点走出属于自己的个性魅力。

2. 主持过程中的走姿体态

在主持节目的过程中，主持人的走姿体态经常会伴随着有声语言的表达，即"边走边说"。这里的"走"不是主持人在演播室漫无目的的踱步，而是一种有目的的行为。通过小范围的移步或转身动作不仅可以让主持人与身后的大屏幕建立起一种交流感，而且还能与大屏幕上的场景融为一体，产生一种置身其中、身临其境的视觉效果，从而大大增强主持人有声语言表达的可信度和真实感。

例如，在撒贝宁主持的法制节目《今日说法》中，我们经常会看到撒贝宁通过步伐的移动，从虚拟演播室很自然地切换至"案发现场"，形成了一种很强的代入感，让观众感受到此时的撒贝宁已经从主持人转变为一名"刑侦人员"，大大增强了节目的可看性。这一切都是靠主持人动态的空间移动来实现的。

《今日说法》中主持人的走姿体态

在"边走边说"的过程中，主持人的走姿体态要做到真实自然、从容稳定、目的明确。由于受到演播室空间的限制，一般来说，主持人的步幅不宜过大，步速也不宜过快，同时还要清楚走位的方向，明确定格的位置。在走姿体态与有声语言一同呈现时，主持人要做到心理节奏、语言节奏、步伐节奏三位一体。

3. 下场时的走姿体态

主持人的下场动作也是主持节目过程中的一部分。在电视综艺晚会中，当主持人完成节目间的串联工作后，会迈着轻盈、稳健的步伐走下舞台。下场是主持人在经历节目内容情感起伏后的一个结束动作，能在最后影响观众对一个主持人的定位。

当主持人完成一档节目的主持工作后，"扭头就走"或"迅速转身下场"会给人一种"着急离场"的不适感，从而使观众对主持人的好感大打折扣。一般情况下，当主持人需要退场时，首先应当在站定的基础上，稍做停顿，带给观众一个下场的指令；然后做出转体动作，转体时要先转身，头稍后一些转；接着再以从容不迫、落落大方的走姿体态离场。如果是双人搭档下场，则要遵循"长者优先"或"女士优先"的原则。

总之，无论是上场、下场还是在节目主持的过程中，主持人的走姿体态都应当做到轻盈稳健。在行走的过程中，步态要自然大方，女性主持人迈步不宜过大，男性主持人不宜迈步过小；双臂自然放松，既不紧贴裤缝又不刻意甩臂，应跟随身体的走动而自然摆动；整个上身要保持与坐姿或站姿一样的要求，同时还要注意目光与观众或镜头的交流。一般情况下,主持人在"出场亮相"时的步速相对较快,步态也较为积极,能够带给观众一种饱满的精神状态;在"边走边说"的过程中,由于走姿体态与有声语言结合的同时还往往伴随着手势语的表达,所以步速要放慢一些,以免步速过快带给观众一种过度的"紧迫感";在结束下场时既要做到落落大方,又要注意礼仪的规范,从而进一步彰显出主持人的高雅气质与内在修养。

二、走姿体态元素训练

走姿体态元素训练主要从单人、双人、多人搭档和小组创意展示四个环节展开,具体如下:

(一)准备动作

女生着正装、穿高跟鞋,男生着正装,站立准备。站立时,双脚扎稳、直膝绷腿、提臀收腹、拔背立腰、双臂放松、自然下垂、抬头挺胸、气息下沉、立颈含颌、头部摆正、面带微笑、目视前方。女生两腿并拢、脚跟相靠,站成"V"字形或丁字步;男生两脚在"V"字形的基础上,脚跟可以打开一拳至两拳的距离,打开后,两脚脚尖的距离与肩宽一致。

(二)动作过程

1. 单人前行式(固定交流对象式)走姿训练

结合音乐,以个人为单位。首先,在形体室后方的中央位置站立准备;接着,沿直线向前行走,当走至形体室的中间位置后,定格2—3秒;然后,从形体室的一侧下场。

行走时,应在保持走姿体态规范的基础上,平视前方的交流对象。要做到精神饱满,步态轻盈、稳健,步幅、步速适中,并与音乐的节奏相一致。

2. 单人侧行式(环视交流对象式)走姿训练

结合音乐,以个人为单位。首先,在形体室后方的一侧站立准备;接着,沿斜线向前行走,当走至形体室的中间位置后,转身朝向身体的正前方并定格2—3秒;然后,从形体室的一侧下场。

行走时,应在保持走姿体态规范的基础上,上身向左或向右微微转动并采用环视的目光语与前方的交流对象依次交流。同时要做到精神饱满,步态轻盈、稳健、步幅、步速适中,并与音乐的节奏相一致。

3. 双人搭档走姿体态训练

结合音乐，以双人为单位。首先，在形体室后方的中央位置站立准备；接着，沿直线向前行走，行走时，男女搭档可以采用托手式，也可以采用挽臂式，当走至形体室的中间位置后，可摆出一定的造型动作，定格2—3秒；然后，从形体室的一侧下场。

站立时，遵循"男左女右"的原则，同时两人之间需隔开一人的间距；行走时，应在保持走姿体态规范的基础上，平视前方的交流对象。要做到精神饱满，步态轻盈、稳健，步幅、步速适中，并与音乐的节奏相一致，同时也要注意两人步伐的协调一致；下场时，要遵循"女士优先"的原则，男士先向后退一步，待女士转身后，跟在女士的后方一同下场。

4. 多人搭档走姿体态训练

结合音乐，以4—6人为单位。首先，在形体室后方的中央位置站立准备；接着，沿直线向前行走；当走至形体室的中间位置后，定格2—3秒；然后，从形体室的一侧下场。

站立时，两人之间需隔开一人的间距；行走时，应在保持走姿体态规范的基础上，平视前方的交流对象。要做到精神饱满，步态轻盈、稳健，步幅、步速适中，并与音乐的节奏相一致，同时也要注意多人步伐的协调一致；下场时，同样需要保持适当的间距，依次转身离场。

5. 小组创意走姿体态展示

以小组为单位，男女均等，以不超过10人为宜。首先，自由设计走姿样态，过程中既要体现出单人前行式、侧行式走姿样态，又要体现出双人和多人搭档走姿样态；然后，根据展示内容自备音乐进行展示。

（三）点评总结

在每一个环节的训练中，当前一组学生完成之后，后一组学生可以通过点评来帮助前一组学生查找问题，然后改正问题，最后教师总评，本环节训练结束。

（四）音乐伴奏

音乐伴奏以选择动感的走秀音乐曲目为宜，可选用QQ音乐：*Fall in Love*，*Kelly Watch the Stars*，*Teachers*等。

专辑：走秀背景音乐；语种：纯音乐；类型：录音室专辑。

走姿体态元素训练音乐伴奏

第四节 大方得体的蹲姿

主持人在主持节目时，就姿态语的运用来说，除了需要做到端庄文雅的坐姿、直立挺拔的站姿、轻盈稳健的走姿之外，还有一种身体的姿态需要掌握，那就是蹲姿体态。尤其是在一些少儿节目或者有小朋友参与的综艺节目中，我们经常可以看到主持人运用蹲姿体态对舞台上的小朋友进行采访，并与之交流、对话。那么，主持人采用怎样的蹲姿体态会显得大方、得体呢？在下蹲时又需要注意哪些具体的要求呢？

在本节内容的学习中，我们将针对主持人的"蹲姿体态"进行理论概述和元素训练。

一、蹲姿体态概述

蹲姿是指人体在下蹲时呈现的基本姿势，是站姿的变换动作，也是日常生活中的辅助姿态。"人们在低处取物、拾物、整理物品、整理鞋袜等特定的场合或条件下会运用蹲姿体态，它是人体静态美与动态美的结合。"[1]

（一）蹲姿的基本要领

蹲姿体态的整体要求为大方、得体。下蹲时，动作要美观，姿势要轻稳而优雅。蹲姿对上身的要求与站姿相同，即后背直立，收腹、立腰、挺胸，两眼平视前方，嘴角上扬，面带微笑；腿部动作根据需要进行不同的位置变化。下蹲时，需要注意以下几点：

第一，不要速度过快，保持适中的速度下蹲，力求身体的稳定。

第二，不要距人过近，应与他人保持一定距离。

第三，不要方位失当。面对他人下蹲时，要侧身相向，正对或背对都是不礼貌的；捡拾物品时，要走至物品左侧下蹲；整理鞋袜或整理低处的物品时，可正身下蹲。

第四，不要毫无遮掩。穿裙装或旗袍的女性应当注意避免个人隐私暴露在外。

---

[1] 王晶，张岩松. 形体训练与形象设计[M]. 北京：清华大学出版社，2011：25.

第五,不要随意滥用。在工作中不可随意采用蹲姿,也不可蹲在椅子上或蹲在地上休息。

(二)蹲姿的分类

在日常生活中,根据场合和礼仪规范要求的不同,蹲姿主要包括以下三种类型:

1. 高低式蹲姿

通常情况下,男士和女士都可以采用高低式蹲姿,但要求略有不同。具体做法是:两腿膝盖一高一低,左脚在前,右脚在后。下蹲时,上身保持直立,左脚全脚着地,右脚脚跟抬起,脚掌着地,形成左膝高、右膝低的姿态。女士两腿内侧相夹,臀部靠在右脚脚跟处,重心在右腿上,两手交叉放在左腿的膝盖上;男士两腿之间可保持适当的距离,两手分别放在两个膝盖上(图5-37至图5-42)。

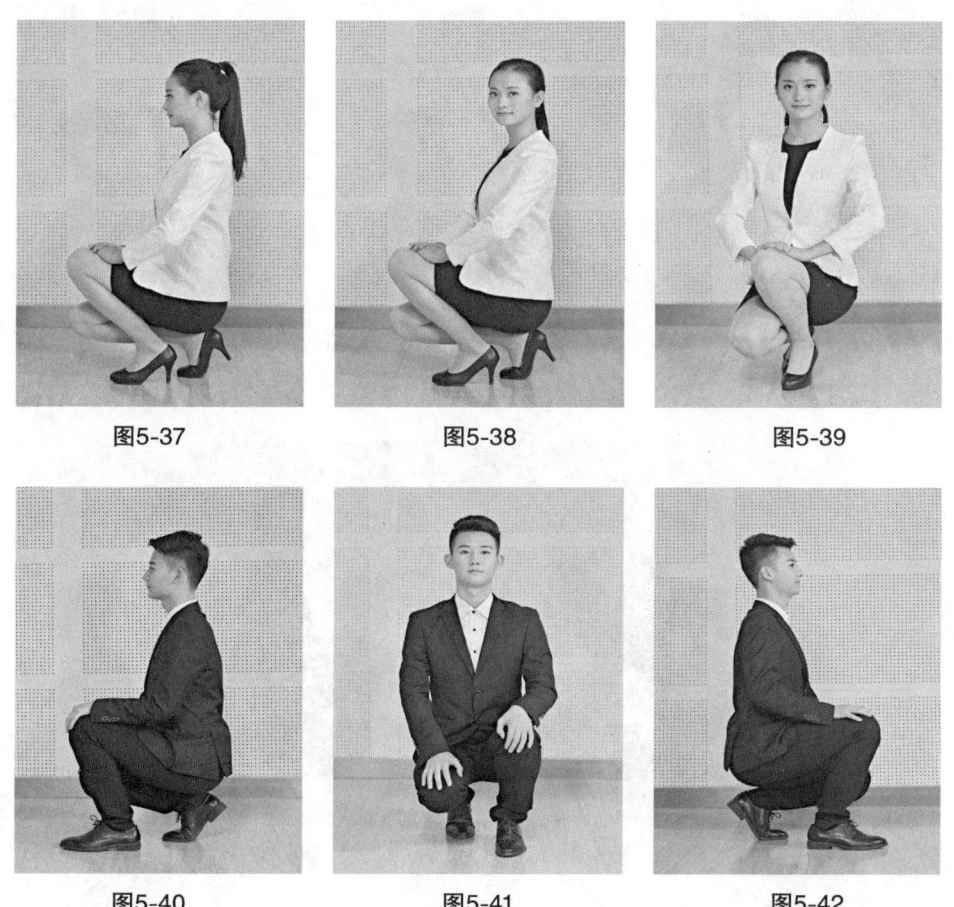

图5-37　　　　图5-38　　　　图5-39

图5-40　　　　图5-41　　　　图5-42

2. 交叉式蹲姿

交叉式蹲姿适用于女士，具体做法是：两腿交叉在一起下蹲。下蹲时，左脚在前，右脚在后；左脚全脚着地，小腿垂直于地面，右膝从左膝下方伸出，右脚脚掌着地，脚跟抬起；臀部靠在右脚脚跟处，两腿夹紧，重心在两腿上（图5-43至图5-45）。

3. 单膝点地式蹲姿

单膝点地式蹲姿多适用于男士，有时女士也可以采用。这是一种非正式的蹲姿，多在下蹲时间较长或为了用力方便时采用。西方男士在向女子求婚时采用的正是这种蹲姿。具体做法是：双腿一蹲一跪。下蹲后，右膝点地，前脚掌着地，臀部坐在脚跟上；另一条腿全脚着地，小腿垂直于地面；两膝同时向前，双腿尽量靠拢（图5-46、图5-47）。

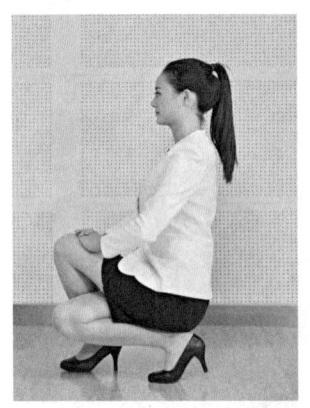
图5-43

图5-44

图5-45

图5-46

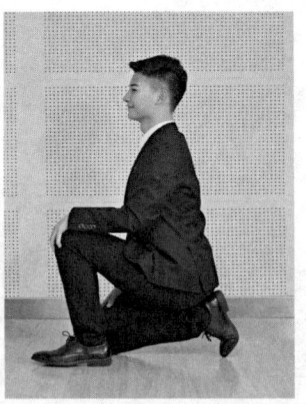
图5-47

(三)主持人的蹲姿体态

主持人蹲姿体态的整体要求为大方、得体。在较为正式的场合,女性主持人一般采用高低式蹲姿或交叉式蹲姿,有时也可以采用单膝点地式蹲姿;而男性主持人则以采用高低式蹲姿为宜。无论采用哪种蹲姿,都应当注意下蹲的速度、方向和姿势,从而使蹲姿具备从容不迫、大方得体、舒展自然的美感。

端庄文雅的坐姿、直立挺拔的站姿、轻盈稳健的走姿和大方得体的蹲姿一同构成了主持人的姿态语。在电视节目中,主持人出场亮相时多采用走姿体态;在主持节目的过程中又以坐姿和站姿体态为主;当需要与坐在轮椅上的残疾人或与处在同一空间的少年儿童进行交流时则一般会采用蹲姿体态。

1. 采访坐在轮椅上的残疾人时

在主持节目的过程中,当主持人需要采访坐在轮椅上的残疾人时,一般采用蹲姿体态。这样就会使双方的目光处在同一水平线上,彰显出主持人对特殊群体的关爱。切记不要倚靠肢体残疾人士的轮椅或者其他辅助设备,也不要拍对方的头部或者肩部,以免有"居高临下"之嫌。此时的蹲姿可以稍稍放松一些,不必太过于拘谨。

2. 采访行动不便的年长者时

有时根据节目的特殊需要,会邀请一些行动不便的年长者。当主持人需要采访坐在椅子上的年长者时,也需要采用蹲姿体态来完成交流。由于采访的时间较长,主持人可以选择单膝点地式蹲姿,这样的蹲姿体态往往可以体现出主持人对长者的尊敬。例如,2016年5月13日"CCTV-3综艺频道创新节目推介会"现场迎来了95岁的秦怡,全场沸腾。主持人朱迅一上来就跟秦怡老师深情相拥并紧紧地握住对方的双手。在主持节目的过程中,朱迅一直都采用单膝点地式蹲姿体态,并用自己的左手紧紧握住秦怡老师的双手,完成了整个采访。主持人朱迅用这种蹲姿体态表达出她对老一辈艺术家的敬仰之情,赢得了全场观众的掌声。

3. 采访少儿时

在有些电视节目中,主持人需要与小朋友进行互动交流。由于小朋友的年龄较小,个子也比较矮,所以主持人也应当采用蹲姿体态与他们近距离交流互动。这样就会使双方处于同一高度,没有了主持人"高高在上"的感觉,也会消除小朋友内心的紧张感,从而帮助主持人更好地完成采访交流。

例如,在2013年央视综合频道推出的大型儿童选秀节目《加油!少年派》中,方琼和大左两位主持人担任节目的主持工作。拥有十余年少儿节目主持经验的方琼，在节目中可谓游刃有余且亲和力十足，她能够随时捕捉孩子们的笑点，给孩子们大姐姐般的保护与关爱；而年轻帅气的新生代偶像主持人大左，则以大哥哥般的活力与智慧，为小朋友们调节气氛、增加信心。在节目中，我们可以看到两位主持人几乎全程采用蹲姿体态与表演的小朋友近距离交流互动，有时甚至双膝跪在舞台上完成交流。他们就像亲切的大哥哥、大姐姐一样，用手拍拍小朋友的肩膀，或者拉着小朋友的小手，再或者给他们一个大大的拥抱，这些充满关爱的动作都能无形中带给小朋友信心和鼓励。

总之，主持人的蹲姿体态作为姿态语的重要组成部分也具备了一定的"语言"功能。在电视节目的主持中，主持人需要具备大方得体的蹲姿，并能根据现场主持或采访的需要灵活地调整和运用自己的姿态，方可展示出主持人的良好气质与独特魅力。

二、蹲姿体态元素训练

相对于其他几种身体的姿态来说，蹲姿体态的难度较大。原因是，下蹲时需要腿部肌肉的力量和膝关节、踝关节的柔韧性。所以，在进行蹲姿体态元素训练之前，首先应当复习第一部分"形体基础规范训练"中关于腿部力量和身体关节柔韧性的动作组合。

在进行蹲姿体态元素训练中，教师可以将学生分成若干小组，就蹲姿体态的三种类型，即高低式蹲姿、交叉式蹲姿和单膝点地式蹲姿分别进行训练。在训练结束后，通过学生的点评和教师的总评来帮助学生查找问题并修正问题。

同时，还可以设计一定的情境进行蹲姿体态的训练：

（一）捡物练习

准备一个小物件，由第一位学生从形体室的一侧走至教室中央，用下蹲的姿态将物件放置在地上；第二位学生走至物件的左侧，用下蹲的姿态将物件捡起，将物件交给第三位同学；第三位同学重复第一位同学的动作，之后依次在"放物—捡物"的过程中对蹲姿体态进行练习。

（二）采访练习

首先，在形体室的中央摆放一把椅子。其次，学生两人一组，一人坐在椅子上扮演行动不便的长者，另一人以蹲姿体态进行采访。每一组学生完成之后，其他学生帮助其查找问题并修正问题。最后，教师总评，本环节训练结束。

第三部分

体态元素综合表现

第六章
体态元素综合表现(一)

　　形体与体态语训练是针对播音与主持艺术专业的学生或电视节目主持人而专门开设的一门课程,这一课程以塑形、美体为基本训练目标,以主持人有声语言表达时体态语运用得准确恰当为终极目标。通过对前两部分内容的学习,学习者已经具备了主持人形体的基本要求,同时也对主持人的目光语、表情语、手势语和姿态语等体态元素有了一定的了解和掌握。在此基础上,我们将进入主持人形体与体态语训练的最后一个环节,即"体态元素综合表现"阶段。

　　这一阶段的训练由两章内容构成,"体态元素综合表现(一)"是将形体与体态语的各个元素加以整合,以中国古代的经典诗词为训练素材,进行体态语与有声语言结合的"静态空间训练"和"动态空间训练",从而为播音与主持艺术专业的"播音发声"和"播音创作基础"等课程奠定良好的体态基础;"体态元素综合表现(二)"则是在借鉴电视节目主持形式的基础上,以"课堂竞赛"式的体态语综合训练模式对单人、双人和多人的开场主持进行全面而系统的训练,从而为播音与主持艺术专业高年级的"演播空间处理"和"电视节目播音主持"等课程奠定良好的体态基础。

　　如果把主持人比作一个"建筑"的话,那么身体就好比这个"建筑"的主体结构,而目光语、表情语、手势语以及其他的身体动作就好比这个"建筑"的装饰材料。当主持人在进行有声语言的表达时,运用不同的"材料"对"建筑"进行外观的装潢,就会呈现出不同的艺术效果。

　　当主持人以"坐姿"或"站姿"的体态进行有声语言表达时,身体处于相对稳定的状态,我们就把这个"建筑"架构起来的空间称为"静态空间";而当主持人以"走姿"的体态进行有声语言的表达时,身体处于相对运动的状态,我们则把这个"建筑"架构起来的空间称为"动态空间"。从建筑学的角度来说,静态空间并非指完全静止不动的空间,它表现为一种稳定势态或持续处于稳定状态中的空间形态,而动态空间则表现为一种运动势态或持续处于运动中的空间形态。

在"体态元素综合表现(一)"这一环节的训练中,之所以选取我国的古典诗词作为训练素材,是因为古典诗词是我国古代文学艺术的精髓,也是我国文化长河里的一块瑰宝。人的情感借由诗词得到了淋漓尽致的抒发。吊古怀今、社会风貌、自然山水、伤情别离、朝堂政治皆成了诗词描摹的对象。古典诗词时而缠绵婉约,时而又粗犷豪放,它以最精炼、最抒情的文字直抵人的心灵深处。同时,古典诗词的美又超越了时空的限制,任凭时光流逝、岁月更迭,浓厚的诗情依旧在人的精神世界中熠熠生辉。

第一节 体态语与有声语言结合的静态空间训练

一、训练目的

通过本环节的训练,学生在古诗词的诵读中,能够充分地调动内在的情感并准确、恰当地运用和把握体态语。除了达到规范的站姿体态之外,还能够做到目光语的准确交流、表情语的恰当体现和手势语的自如表达。

二、训练要求

(一)真情实感,感同身受

在诵读古诗词的过程中,应具备真挚的情感和真实的感受,仿佛亲身经历一般。只有真实地"看"到诗词中所描绘出的画面,真实地感受到诗人所处的环境、当时的心境以及诗词本身所传递出的意境,才能更好地调动内在的情感进行体态的运用;也只有做到了真看、真听、真感受,才能更好地结合体态语进行有声语言的表达。

在诵读写景的诗词时,要能真实地"看"到诗句中所描绘的画面。譬如,在诵读"明月松间照,清泉石上流"(王维《山居秋暝》)的诗句中,要能真实地看到松间明月的清光，听到石上清泉的声音，感受到空山雨后的秋凉，置身于诗句所呈现的意境之中，这样才能更为充分地调动肢体语言，进行体态的表达。

在诵读抒情的诗词中，要能真实地感受到诗句中所传达出来的情感。这里的"情"既是诗人的内心写照，也是诵读者感同身受的体现。譬如，在诵读"劝君更尽一杯酒，西出阳关无故人"（王维《送元二使安西》）的诗句时，要能真实地感受到诗人与友人依依惜别的情谊和对友人处境、心境的体察，才能结合体态动作更好地进行有声语言的表达。

（二）以情带动，动无定式

在诵读古诗词时，体态语的表达是用情感带动的，正如有声语言所讲求的"以情带声"是一个道理。同时，体态语在运用时要能随着内在的情感自然地喷薄而出，它没有固定的边界、没有固定的模式，也无须前期的设计，只要"动"得舒服、"动"得自然即可。譬如，在诵读"两个黄鹂鸣翠柳，一行白鹭上青天"（杜甫《绝句四首·其三》）的诗句时，由于建构在每个人脑海中的画面布局是不同的，所以体态动作也应当随之而进行不同的体现，不应拘泥于某一种表现方式或陷入"千人一面"的境地。

（三）说动结合，合乎情理

在结合古诗词进行体态的表达时，有声语言的"说"与体态语的"动"要合乎情理，避免产生歧义。譬如，李白《静夜思》的后两句"举头望明月，低头思故乡"，是诗人在屋内抬头看到一轮明月挂在窗前，秋夜的太空是如此明净，然而明净中又带着一丝的冷清，不免引发了诗人的遐想。于是，诗人想到了故乡的一切，想到了家里的亲人。想着，想着，头渐渐地低了下去，完全沉浸到深思之中。所以，在诵读这两句古诗时，目光语以及头部动作应当与古诗中所传递出的信息相吻合。

（四）用之则动，动则不静

所谓"用之则动，动则不静"是指，在古诗词的诵读中，如果需要调动肢体语言来辅助有声语言的表达，则要敢于将自己的手势语大胆地动出来，不要呈现出一种"似动非动"或"蠢蠢欲动"的误导性举动，这样会让人觉得有失自然，显得拘谨、小气。手势语一旦动出来，就不能立刻停下或着急收回，而要动得自然、动得大方、动得恰到好处。反之，则会有失手势语运用的意义，也难以达到"画龙点睛"的艺术效果。

（五）点面结合，合二为一

所谓"点面结合，合二为一"是指，在结合古诗词进行目光语的表达时，既要顾及全局，体现出"面"的广度，又能在"面"的广度中突出重点，体现出"点"的深度，并做到二者的统一。譬如，在诵读"接天莲叶无穷碧，映日荷花别样红"（杨万里《晓出净慈寺送林子方》）的诗句时，如果眼睛只是盯着前方的一个点，难免会给人一种"呆滞""僵硬"感，而且会呈现出一种"假惺惺"的感觉，这时，就需要找到目光语表达中的"点"与"面"。

在第四章第一节"目光语的交流"中，我们讲到了目光语的三个要求：远、亮和饱满。其中，"远"是视觉空间的延伸，"亮"是眼神定点的凝聚，"饱满"是内在情感的支撑。实际上"点"与"面"就如同"亮"与"远"的关系一样，需要通过想象，建构起表达的情境——你站在哪里看到了西湖的荷景，在你的眼前看到了怎样的西湖盛景。

在诵读"接天莲叶无穷碧"一句时，需要打开目光语的空间，不仅要把眼神放"远"，而且要铺开，才能达到"接天"的效果。无论是目光语"从一点到二点，二点到一点"还是"从一点到八点，从八点到一点"或是"从八点到二点，从二点到八点"，在眼神移动的过程中才能将"接天的莲叶"尽收眼底。

而在诵读"映日荷花别样红"一句时，则需要我们将目光语的空间聚焦在一个"点"上，才能在一片无穷无尽的碧绿之中将那红得"别样"、红得娇艳迷人的荷花凸显出来，进而达到传神的效果。

（六）体态之用，用之有度

所谓"体态之用，用之有度"是指，在运用体态动作时，要注意"度"的把握。"度"不仅指动作的幅度，也指动作的多少。动作不可过度，也不可无度。过度会有失美感，无度则会显得过于频繁、凌乱，也会削弱有声语言的传播效果，难以起到体态动作"画龙点睛"的作用。

三、训练方法

在这一环节的训练中，以"站姿"为训练体态；以中国古典诗词中的"句子"为训练素材；以"单人展示""互动点评"和"集体练习"为训练形式。同时，结合第二部分"体态元素强化训练"的内容，针对"目光语元素训练"中的八个点（"左斜前方""右斜前方""左斜上方""右斜上方""左斜下方""右斜下方""正上方""正下方"），辅助以伴随性手势语和恰当的表情语，进行体态语与有声语言结合的静态空间训练。

（一）训练过程

1. 单人展示

以个人为单位，在站姿体态的基础上进行一至两句古诗词的诵读。在诵读的过程中，除了强调站姿体态的要求之外，重在强调目光语的交流、表情语的体现和手势语的表达。

2. 互动点评

当前一位学生展示完毕后，可以通过展示者的自我点评和其他学生的互动点评帮助展示者查找体态方面出现的问题。同时，教师也可以对点评中遗漏的问题进行补充。展示者当场修正问题，进行二次训练。

3. 集体练习

待展示者二次展示完毕后，可以带动所有的同学就诵读的诗句进行集体练习。在集体练习时，其他同学不必模仿展示者的体态动作，而是通过自己的感受和理解呈现出属于自己的体态语。

（二）训练音乐

静态空间训练音乐伴奏

音乐伴奏可以选用马常胜①创作的《虚谷》《春山外》《无尘》《秋水斜阳》等曲目。

音乐来源：QQ音乐；专辑：虚谷；语言：纯音乐；发行时间：2014-10-01；唱片公司：禾信；类型：纯音乐；风格：Easy Listening轻音乐。

四、训练素材

（一）诗中景

1. 明月松间照，清泉石上流。

——王维《山居秋暝》

---

① 马常胜，以灵魂歌唱的独行者，探索内心、发掘生命本质感受的独立音乐人。祖籍江苏，生长于辽阔高远的青海牧区，少年时迁至六朝古都南京。个人创作并制作的佛教唱诵音乐专辑《油菜花开的季节》，荣获2012年金曲奖最佳宗教音乐专辑以及2013华语金曲奖最佳心灵专辑。代表作品有《空山行吟》《琴挑·空灵》《天籁密音》等。

2. 渭城朝雨浥轻尘,客舍青青柳色新。

——王维《送元二使安西》

3. 孤帆远影碧空尽,唯见长江天际流。

——李白《黄鹤楼送孟浩然之广陵》

4. 日照香炉生紫烟,遥看瀑布挂前川。

——李白《望庐山瀑布》

5. 朱雀桥边野草花,乌衣巷口夕阳斜。

——刘禹锡《乌衣巷》

6. 借问酒家何处有?牧童遥指杏花村。

——杜牧《清明》

7. 两个黄鹂鸣翠柳,一行白鹭上青天。

——杜甫《绝句四首·其三》

8. 接天莲叶无穷碧,映日荷花别样红。

——杨万里《晓出净慈寺送林子方》

9. 碧玉妆成一树高,万条垂下绿丝绦。

——贺知章《咏柳》

10. 枯藤老树昏鸦,小桥流水人家,古道西风瘦马。

——马致远《天净沙·秋思》

(二) 诗中情

1. 明月几时有?把酒问青天。

——苏轼《水调歌头·明月几时有》

2. 两情若是久长时,又岂在朝朝暮暮。

——秦观《鹊桥仙·纤云弄巧》

3. 执手相看泪眼,竟无语凝噎。

——柳永《雨霖铃》

4. 问君能有几多愁?恰似一江春水向东流。

——李煜《虞美人·春花秋月何时了》

5. 花自飘零水自流。一种相思,两处闲愁。

——李清照《一剪梅·红藕香残玉簟秋》

6. 这次第,怎一个愁字了得?

——李清照《声声慢·寻寻觅觅》

7. 人生如梦，一樽还酹江月。

——苏轼《念奴娇·赤壁怀古》

8. 三十功名尘与土，八千里路云和月。

——岳飞《满江红·怒发冲冠》

9. 胡未灭，鬓先秋，泪空流。

——陆游《诉衷情·当年万里觅封侯》

10. 会挽雕弓如满月，西北望，射天狼。

——苏轼《江城子·密州出猎》

第二节　体态语与有声语言结合的动态空间训练

一、训练目的

通过本环节的训练，学生在古诗词的诵读中，能够充分地调动内在的情感，并准确、恰当地运用和把握体态语。该训练过程除了要求学生做到目光语的准确交流、表情语的恰当体现和手势语的自如表达之外，还尤为强调走姿过程中内心节奏、语言节奏和步态节奏的三位一体。同时，在小组的"抛球"练习中，学生还需要具备一定的交流意识和配合意识。

二、训练要求

在第五章"体态元素强化训练（二）"中已经对走姿体态进行了理论概述，也进行了走姿体态的元素训练。在这一环节的训练中，除了需要具备体态语与有声语言结合的"静态空间训练"的要求之外，还需做到以下两点要求：

第一，合理地把握空间。

在古诗词的诵读中加入走姿体态，以"边走边说"的形式进行呈现是一个动态表达的过程。在这个动态表达的过程中除了需要呈现出规范的体态语之外，还要注意空间的运用和把握。尤其是在小组的"抛球"练习中，既要合理地规避开其他同学的位置，以免与他人发生"碰撞"，又要充分地调动其他可用空间，力求使自己的"说"和"走"达到和谐、统一。

第二，灵活地转换角色。

在古诗词的诵读中，学生既是"诗人"的角色，又是朗诵者、表达者的角色；同时，在小组的"抛球"练习中又承担了"传递者""衔接者"的角色。所以，在表达的过程中，学生既需要扮演好每个角色，完成角色所赋予的任务，又能灵活地进行角色间的转换。

三、训练方法

体态语与有声语言结合的动态空间训练是在"静态空间训练"的基础上，以"走姿"为训练体态；以中国古典诗词中的"段子"或一首完整的古诗为训练素材；以"单人展示""互动点评"和"小组'抛球'练习"为训练形式展开进行。

（一）单人展示

以个人为单位，在走姿体态的基础上进行一段或一首完整的古诗词的诵读。在诵读的过程中，除了强调目光语的交流、表情语的体现和手势语的表达之外，还尤为强调走姿体态。

（二）互动点评

当前一位学生展示完毕后，可以通过展示者的自我点评和其他学生的互动点评帮助展示者查找体态方面出现的问题。教师对点评中遗漏的问题进行补充。展示者当场修正问题，进行二次训练。

（三）小组"抛球"练习

"抛球"练习是以多人小组为单位进行的一种训练方法，它由"抛"和"接"两部分构成，分为"一抛一接"和"不抛自接"两种训练形式。具体如下：

1. "一抛一接"

将所有的学生分成若干个小组，以每组3—5人为宜，每位学生在训练前需要准备一段古诗词作为训练素材。第一组的3—5人站定后，训练即开始。

然后，授课教师播放一首古典曲目[①]作为古诗词诵读的背景音乐。待音乐开始后，第一位学生率先以走姿体态进行古诗词的诵读，第一位学生表达结束后，通过

[①] 音乐伴奏除了可以选用马常胜创作的《虚谷》《春山外》《无尘》等曲目外，还可以选用陈悦创作的《梅花三弄》《妆台秋思》《江月初照人》《苦雪烹茶》等曲目。

目光语的交流或借助"有请"的手势语将"球""抛"给下一位诵读者。

其他几位学生按照"抛"和"接"的形式依次进行，直至该小组的最后一位学生表达完毕后，集体诵读最后一位表达者所诵读诗句的最后一至两句，然后鞠躬、谢幕并结束该组的训练。

其他几组按照顺序依次进行，共同完成"一抛一接"的训练过程。

2."不抛自接"

在训练开始前，所有的学生将座椅摆放成一个"弧形"，并坐在座椅上准备。授课教师不需要划分小组，但需要根据总人数来确定每个小组展示的人数。

然后，授课教师播放一首古典曲目作为古诗词诵读时的背景音乐。待音乐开始后，由任意一位学生率先起身并以走姿体态进行古诗词的诵读，直至结束并定格于最后的位置上。下一位诵读者要把握好衔接的气口，在前一位诵读者的表达即将结束时，起身准备，在前者不"抛"的情况下自己主动衔"接"。

其他几位诵读者依次进行，直至该小组的最后一位学生表达结束后，之前的几位诵读者经过一个集体目光语的交流，一起诵读最后一位表达者所诵读诗句的最后一至两句，然后鞠躬、谢幕并结束该小组的训练。

待前一组的学生入座后，其他学生再接着完成"不抛自接"的训练过程。

小组"抛球"练习，作为一种半即兴状态下的训练方式，可以营造出一种良好的课堂氛围，激荡一起一种"既出乎意料又在情理之中"的课堂效果。

四、训练素材

（一）诗中景

1. 空山新雨后，天气晚来秋。明月松间照，清泉石上流。竹喧归浣女，莲动下渔舟。随意春芳歇，王孙自可留。

——王维《山居秋暝》

2. 渭城朝雨浥轻尘，客舍青青柳色新。劝君更饮一杯酒，西出阳关无故人。

——王维《送元二使安西》

3. 故人西辞黄鹤楼，烟花三月下扬州。孤帆远影碧空尽，唯见长江天际流。

——李白《黄鹤楼送孟浩然之广陵》

4. 日照香炉生紫烟，遥看瀑布挂前川。飞流直下三千尺，疑是银河落九天。

——李白《望庐山瀑布》

5. 朱雀桥边野草花，乌衣巷口夕阳斜。旧时王谢堂前燕，飞入寻常百姓家。

——刘禹锡《乌衣巷》

6. 清明时节雨纷纷，路上行人欲断魂。借问酒家何处有？牧童遥指杏花村。

——杜牧《清明》

7. 两个黄鹂鸣翠柳，一行白鹭上青天。窗含西岭千秋雪，门泊东吴万里船。

——杜甫《绝句四首·其三》

8. 毕竟西湖六月中，风光不与四时同。接天莲叶无穷碧，映日荷花别样红。

——杨万里《晓出净慈寺送林子方》

9. 碧玉妆成一树高，万条垂下绿丝绦。不知细叶谁裁出，二月春风似剪刀。

——贺知章《咏柳》

10. 枯藤老树昏鸦，小桥流水人家，古道西风瘦马。夕阳西下，断肠人在天涯。

——马致远《天净沙·秋思》

（二）诗中情

1. 明月几时有？把酒问青天。不知天上宫阙，今夕是何年？我欲乘风归去，又恐琼楼玉宇，高处不胜寒。起舞弄清影，何似在人间？

转朱阁，低绮户，照无眠。不应有恨，何事长向别时圆？人有悲欢离合，月有阴晴圆缺，此事古难全。但愿人长久，千里共婵娟。

——苏轼《水调歌头·明月几时有》

2. 纤云弄巧，飞星传恨，银汉迢迢暗度。金风玉露一相逢，便胜却人间无数。柔情似水，佳期如梦，忍顾鹊桥归路！两情若是久长时，又岂在朝朝暮暮。

——秦观《鹊桥仙·纤云弄巧》

3. 寒蝉凄切，对长亭晚，骤雨初歇。都门帐饮无绪，留恋处，兰舟催发。执手相看泪眼，竟无语凝噎。念去去，千里烟波，暮霭沉沉楚天阔。

多情自古伤离别，更那堪冷落清秋节！今宵酒醒何处？杨柳岸，晓风残月。此去经年，应是良辰好景虚设。便纵有千种风情，更与何人说？

——柳永《雨霖铃》

4. 春花秋月何时了？往事知多少。小楼昨夜又东风，故国不堪回首月明中。雕栏玉砌应犹在，只是朱颜改。问君能有几多愁？恰似一江春水向东流。

——李煜《虞美人·春花秋月何时了》

5. 红藕香残玉簟秋。轻解罗裳，独上兰舟。云中谁寄锦书来，雁字回时，月满西楼。花自飘零水自流。一种相思，两处闲愁。此情无计可消除，才下眉头，却上心头。

——李清照《一剪梅·红藕香残玉簟秋》

6. 寻寻觅觅，冷冷清清，凄凄惨惨戚戚。乍暖还寒时候，最难将息。三杯两盏淡酒，怎敌他、晚来风急！雁过也，正伤心，却是旧时相识。

满地黄花堆积。憔悴损，如今有谁堪摘？守着窗儿，独自怎生得黑？梧桐更兼细雨，到黄昏、点点滴滴。这次第，怎一个愁字了得？

——李清照《声声慢·寻寻觅觅》

7. 大江东去，浪淘尽，千古风流人物。故垒西边，人道是，三国周郎赤壁。乱石穿空，惊涛拍岸，卷起千堆雪。江山如画，一时多少豪杰。

遥想公瑾当年，小乔初嫁了，雄姿英发。羽扇纶巾，谈笑间，樯橹灰飞烟灭。故国神游，多情应笑我，早生华发。人生如梦，一樽还酹江月。

——苏轼《念奴娇·赤壁怀古》

8. 怒发冲冠，凭栏处、潇潇雨歇。抬望眼，仰天长啸，壮怀激烈。三十功名尘与土，八千里路云和月。莫等闲、白了少年头，空悲切。

靖康耻，犹未雪。臣子恨，何时灭。驾长车，踏破贺兰山缺。壮志饥餐胡虏肉，笑谈渴饮匈奴血。待从头、收拾旧山河，朝天阙。

——岳飞《满江红·怒发冲冠》

9. 当年万里觅封侯，匹马戍梁州。关河梦断何处？尘暗旧貂裘。胡未灭，鬓先秋，泪空流。此生谁料，心在天山，身老沧洲。

——陆游《诉衷情·当年万里觅封侯》

10. 老夫聊发少年狂，左牵黄，右擎苍，锦帽貂裘，千骑卷平冈。为报倾城随太守，亲射虎，看孙郎。

酒酣胸胆尚开张。鬓微霜，又何妨！持节云中，何日遣冯唐？会挽雕弓如满月，西北望，射天狼。

——苏轼《江城子·密州出猎》

第七章
体态元素综合表现（二）

第一节 "课堂竞赛"式的体态语综合训练模式概说

对本门课程来说，除了需要完成相应的训练内容、掌握训练要领之外，还要明确这门课程所处的位置。它作为播音与主持艺术专业的一门基础课程，绝非独立存在，而是为"播音发声""播音创作基础"等平行课程服务的，尤其为高年级阶段的"电视节目播音主持"课程打下坚实的基础。

从"主持人形体与体态语实训"课程的基础练习到"电视节目播音主持"课程的综合运用，应当怎样实现二者的过渡和衔接呢？通过多年的执教经验和走访、观摩、交流、学习的诸多体会，总结出了"课堂竞赛"式的体态语综合训练模式。

"主持人形体与体态语实训"课程进行到最后一个阶段的教学时，可以打破原有的教学模式，把课堂当作"赛场"，把教室当作"舞台"，把学生当作"选手"，让每一位学生除了能作为"参赛选手"参加比赛外，还能作为"点评嘉宾"进行自评和互评。作为组织者的授课教师，在"比赛"中可以充当一个"旁观者"的角色，站在一旁发现问题、记录问题。待整个"比赛"结束后，梳理问题、补充问题、剖析问题、解决问题，从而达到良好的教学效果。这也契合了"以学生为主体，以教师为主导"的教学理念。

一、训练价值

（一）在竞赛中建立自信的表达状态

对学生"自信心"的培养贯穿整个专业教学的始终。在主持人形体与体态语的训练中要求学生们建立起一种"肢体自信"；而在有声语言的训练中需要学生们建立起"语言自信"；在未来的工作中，无论是虚拟演播室的主持还是舞台主持，都需要建立起一种"专业自信"。只有在自信的基础上才能更好地进行专业的体现，同样，要想更好地展示专业所学就必须建立起内在的自信。

"课堂竞赛"式的训练模式之所以有别于普通的课堂训练，就是因为采用了"竞赛"的形式。有"竞赛"就有了"对手"，有"对手"就有了"超越对手"的目标。在"竞赛"的过程中往往更能激发学生的表现欲，而恰在此时，学生们的体态语往往也会有较好的体现。

学生建立起内在的自信后，无论是在体态语的运用还是有声语言的表达上都会有很大的提升，对后续专业的学习以及今后的工作都会有极大的帮助。

（二）在节目中建立体态语的表达意识

主持人形体与体态语实训课程侧重元素教学。对学生而言，掌握了元素，还远远不够，仍需要通过自身的组织、加工、提炼进而达到灵活自如的运用。体态语的表达不会单独呈现，往往会依附于有声语言的表达，更多时候是在节目主持的过程中体现的。

"课堂竞赛"式训练模式的环节流程设计通过"单人""双人搭档"和"多人配合"三种形式完成节目的开场主持，让学生们在节目中建立起体态语的表达意识，把单一元素的"学"转化为多元素的"用"。

（三）实现从主持人形体与体态语实训课程到电视节目播音主持课程的过渡

在近些年的教学中总会有这样一种情况出现——有些学生在低年级主持人形体与体态语实训课程的学习中表现不错，到了高年级的电视节目播音主持课上，竟然出现了"不会坐""不会站""不会走"的情形，尤其是融入了节目的训练后竟然出现了"手足无措"的情形。在专业老师为之着急甚至是无奈之余，不妨静下心来，思考一下出现这些问题的几种原因。

首先，可能是部分学生学习、转化的能力较弱。

其次，可能是教学计划的设置、安排方面存在一定的问题。主持人形体与体态语实训课程的教学不像有声语言的教学会从低年级持续到高年级。对开设播音与主持艺术专业形体课的高校而言，一般都安排在低年级完成此门课程的教学工作。假设将主持人形体与体态语实训课程放在一年级完成，而电视节目播音主持课往往从三年级才开始，这样就会出现一年的断层期，可能正是这个断层期引发了上述问题。

最后，可能是主持人形体与体态语实训课程本身的教学内容设计存在一定的缺陷。刚刚我们提到主持人形体与体态语实训课程侧重元素教学，如果只是针对其中的元素进行单一训练，缺乏一个综合的训练过程，学生们不能在节目中建立起体态语的表达意识，往往也会导致上述问题的出现。

在"课堂竞赛"式训练模式的环节设计中，虽然通过"单人""双人搭档"和"多人配合"三种形式完成节目的开场主持，但这并不会出现主持人形体与体态语实训课程与演播空间处理或电视节目播音主持课程的重复教学，因为侧重不同。在这一阶段的训练中，主要以体态语为主，以有声语言为辅，即使结合了节目主持的训练内容，也是意在以节目主持的形式让学生具备体态语的表达意识，进而在之后的学习中能够更好地调动和运用自己的体态语，从而顺利地实现从主持人形体与体态语实训课程到电视节目播音主持课程的过渡。

二、组织过程

（一）人数范围

以课堂上的所有学生为一个集体，一般控制在16人左右，8男，8女。

（二）环节设计

整个比赛分为四个环节：一是选手出场亮相风采展示；二是单人节目主持开场训练；三是双人搭档节目主持开场训练；四是多人电视综艺晚会节目主持开场训练。

（三）着装造型

在四个环节中，学生自备服装并设计简单的造型，女生需要准备高跟鞋。服装的选择以正装为主，同时结合不同类型的节目准备相应的服装和化妆造型。

（四）音乐要求

在四个环节中，第一个环节由教师准备伴奏音乐，后几个环节由学生自备相应的音乐。

（五）话筒要求

在四个环节中，前三个环节无须准备话筒，在第四个环节中，学生需要准备无线话筒。

第二节　选手出场亮相风采展示

一、训练目的

"选手出场亮相风采展示"是"课堂竞赛"式的体态语综合训练模式的"赛前热身"。在比赛开始前，通过本环节的展示对参赛选手进行角色定位，建立内在的自信，为接下来三个环节的"比拼"做好赛前的准备工作。

二、训练要求

（一）内在自信的建立

作为参赛选手，在本环节训练之前首先要明确三个问题：第一，你是谁（Who）？第二，你在哪里（Where）？第三，你要怎么样（Why）？

1. 你是谁？

假定每一位进入"课堂竞赛训练营"的参赛选手都是历经层层选拔，作为其所在省级卫视最优秀的节目主持人出现在"赛场"上的话，那么对16位参赛选手来说，首先要明确的是：此刻的自己已不仅仅代表本人，同时也代表了自己所在省级卫视的形象。这样就会在每一位参赛选手的心里建立起一种"荣誉感"。为了捍卫这种"荣誉感"，选手们就会拿出自己最好的状态。同时，这种"标签化"的"身份"将会从内在驱动学生们接下来的表现。经过三个环节的比拼，参赛选手将不断地晋级、待定、淘汰、复活、再晋级，最终16名参赛选手将逐一脱颖而出，进入到一个更高的平台。

2. 你在哪里？

正因为是"课堂竞赛"式的训练，所以，即使是身在形体室，"参赛选手"也要把它想象成比赛的舞台、竞争的赛场。要把形体室前方的镜面想象成坐满了观众的剧场，营造出一种现场比赛的氛围。

3. 你要怎么样？

带着怎样的目的来到"这里"，将决定自己会有怎样的表现。对"参赛选手"来说，就是要面对层层考验，拿出自己最好的一面，一路过关斩将，把自己最精彩的瞬间呈现在"舞台"之上，呈现在"观众"面前。

在明确了这三个问题之后，选手们自然会建立起一种内在的"自信感"。当这种"自信感"建立起来后，选手们的体态语往往也会有较好的体现。

（二）个人体态的规范

规范个人体态要从自己的出场站位开始。首先，对自己的站姿体态要有规范的要求；其次，在原地"自报家门"时要具备良好的表情语；再次，在行进的过程中也要对自己的走姿体态有规范的要求，同时，在行进的过程中，无论是"固定交流对象"还是"环视交流对象"都要对自己的目光语有准确的把握；最后，在完成第一环节的出场亮相展示后，即使就座于形体室前方的长条横凳上，也要注意坐姿体态的规范。

（三）细节动作的处理

细节决定成败。在本环节的展示中，参赛选手需要把握以下几个细节动作：

1. 站定动作

在其他选手向前行进并完成自我风采展示的过程中，原地等待出场的选手尤其需要注意自己的体态和状态，不能因为自己还未出场，就出现"体态松懈"或"状态缺失"等问题。当16位参赛选手站定后就意味着大家已经呈现在舞台之上，呈现于观众的面前。所以，要时刻注意保持自己的体态和状态。

2. 转身动作

当选手走至前方规定处做转身动作时，要保持重心的稳定，优雅、大方地转身。

3. "有请"动作

转身动作完成后,伸手请出下一位参赛选手时,一定要把目光语给到对方,让对方感受到"你"在跟"他"对话,在跟"他"交流,包括"有请"的手势动作也要自然得体,不要"似做非做"。

4. 退步动作

请出下一位参赛选手后,做向后的退步动作时要步态稳健,落座时要平稳。

(四)空间位置的运用

第五章"体态元素强化训练(二)"针对走姿体态元素训练,已经从"固定交流对象"和"环视交流对象"两种不同的行进方式进行了详细的训练。在这一环节的展示中,选手们可以自由选择出场的行进方式。

1. "固定交流对象"的行进方式

当选择"固定交流对象"的行进方式时,运用的是直线空间。参赛选手需要将目光语锁定在正前方,沿直线向前行进,在行进的过程中保持步态的均匀、步伐的稳健。

2. "环视交流对象"的行进方式

当选择"环视交流对象"的行进方式时,运用的是斜线空间。参赛选手在斜线向前行进的过程中,需要调整好身体的角度——将上半身和头部转向正前方。其中,头部转向正前方时,上身微微随之转动,转动的幅度不要过大,始终保持上身和头部的协调;同时,还要能够将目光语的交流空间放在正前方,做到跟前排所有的"观众"进行横向交流。由于是在行进中进行目光语的交流,所以交流的时间不宜过长,做到快速、准确且有目的的依次交流。

无论选择哪种行进方式,对参赛选手来说都需要对自己的行进空间进行充分把握。

(五)音乐节奏的把握

运用音乐进行辅助训练也是本门课程的一大特色,在第一部分"形体基础规范训练"中,主要运用钢琴进行现场的伴奏;在第二部分"体态元素强化训练"中则结合现代音响技术进行音乐的播放——都是意在通过音乐的感染力将学生带入到一定的情境之中,从而增强内在的感受力,也使得训练过程不再枯燥乏味。

当参赛选手结合音乐进行展示时,首先要确定音乐的风格,认识音乐的结构,最重要的一点是要能把握音乐的节奏,也就是我们常说的能"踩"住音乐的点,这样才能带给人一种视听结合的舒适感。

三、训练方法

(一)训练过程

16位参赛选手站成两横排,于形体室深度空间的正后方准备。每排8人,第一排为女选手,第二排的男选手插空站立,每排遵循"大个站中间,小个站两边"的原则。见图7-1。

图7-1

首先是原地的"自报家门"。16位参赛选手,每位选手代表一个省级卫视的节目主持人,依次进行一句话的自我介绍:

(①号)大家好,我是北京卫视的节目主持人,××。

(②号)大家好,我是天津卫视的节目主持人,××。

(③号)大家好,我是河北卫视的节目主持人,××。

(④号)大家好,我是山西卫视的节目主持人,××。

(⑤号)大家好,我是山东卫视的节目主持人,××。

(⑥号)大家好,我是河南卫视的节目主持人,××。

(⑦号)大家好,我是湖南卫视的节目主持人,××。

(⑧号)大家好,我是湖北卫视的节目主持人,××。

(⑨号)大家好,我是江西卫视的节目主持人,××。

(⑩号)大家好,我是江苏卫视的节目主持人,××。

（⑪号）大家好，我是浙江卫视的节目主持人，××。
（⑫号）大家好，我是广东卫视的节目主持人，××。
（⑬号）大家好，我是广西卫视的节目主持人，××。
（⑭号）大家好，我是东方卫视的节目主持人，××。
（⑮号）大家好，我是重庆卫视的节目主持人，××。
（⑯号）大家好，我是四川卫视的节目主持人，××。

接下来，①号选手开始在向前行进的过程中再一次完成自我介绍。每一位选手可以选择直线向前"固定交流对象"的行进方式，也可以选择斜线出场"环视交流对象"的行进方式。见图7-2。

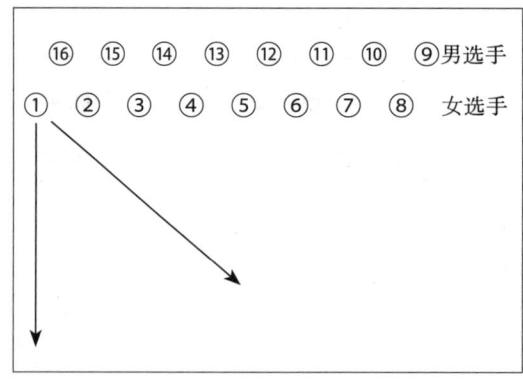

图7-2

当①号选手走至形体室前方规定位置后，完成一个转身的动作，面对②号选手，做出"有请"的手势；②号选手接收到"有请"的信号后，同样选择自己向前的行进方式，并在行进中完成自我介绍。与此同时，①号选手向后退两至三步，就座于形体室前方的长条横凳上，以规范的坐姿体态等待其他选手依次就位。

②号选手如果选择直线向前"固定交流对象"的行进方式，只需要原地站定，如果选择斜线出场"环视交流对象"的行进方式时，则需要在①号选手行进的过程中，移动、调整至①号选手出场的位置，以获取最大的行进空间。

①至⑯号参赛选手，依次完成行进中的自我风采展示。最后，集体就座于形体室前方的长条横凳上，结束这一环节的训练展示。

（二）训练音乐

选手的出场亮相是一个激动人心、让人充满期待的环节，每一位参赛选手在"舞台"上"展示魅力、秀出风采"时需要的是一种大气磅礴且积极动感的音乐风格。所以，在音乐伴奏的选择上可以考虑选用Elmer Bernstein（艾尔默·伯恩斯坦）

创作的 The Magnificent Seven.

音乐来源：QQ音乐；专辑：The Magnificent Seven（《豪勇七蛟龙》电影原声带）；语言：纯音乐；发行时间：2016-09-16；唱片公司：索尼音乐；类型：录音室专辑；风格：Soundtrack 原声。

The Magnificent Seven

（三）训练总结

训练结束后，学生自评和教师点评两部分相结合，进行训练总结。师生就训练过程中出现的问题展开讨论，进行剖析，逐一解决，之后进行二次训练。

第三节　单人节目主持开场训练

一、训练目的

通过本环节的训练，学生能够在单人节目的开场主持中正确地运用和把握体态语，充分地调动舞台空间；并能结合有声语言进行整体的呈现，从而为之后的单人节目主持打下牢固的体态基础。

二、训练要求

（一）个人上下场空间的设计

形体室是一个相对开放的空间，如果把正前方当作观众席或者摄像机的机位，那么有三个空间可以充分利用。对学生来说，可以进行多种形式的上下场设计。结合训练内容，学生可以选择"先走再说"，也可以选择"边走边说"的出场方式。

无论选择哪种出场方式，作为参赛选手都需要对空间进行合理的把握，"先走再说"还是"先说再走"，"先走再说"时"走"到哪里再"说"，"先说再走"时"说"到何时再"走"，都需要学生进行精心设计。只有对空间足够熟悉和有充分的把握，才能走得从容淡定、潇洒自如。

（二）个人上下场细节的把握

在单人节目的开场主持中，除了需要进行上下场的空间设计外，还要注意两个细节：

1. 上场莫着急

在训练中经常有学生因为紧张或过于着急而打乱了心理节奏及体态节奏，导致走姿上场的速度过快，或出现还没走到规定的位置就急于表达等问题。

正确的做法是：主持人在上场前应当稳住心理节奏，有背景音乐时，能够配合音乐的节奏有条不紊地迈开自己的步伐，彰显出优雅大方的体态；没有背景音乐时，则需要把握住内心节奏并按照自己的心理节奏上场。当走至规定的位置后，不要急于表达，可以尝试着调整一下呼吸，待气息稳定后再开始进行开场主持。

2. 下场莫"逃离"

在开场主持完毕后，有学生就认为已经"完事大吉"，于是急匆匆地走下场，有的甚至是"仓皇逃离"，还有的学生完全没有了体态的控制，松懈地拖着步子或大摇大摆地走下场……殊不知，当出现这些问题时已经丢失了主持人应有的体态控制意识。

正确的做法是：当开场主持结束后，不要着急下场，可以通过点头或鞠躬的动作示意表达结束后再大大方方地走下场。下场时同样要保持良好的体态，因为形体室是一个开放的空间，任何小动作或是不恰当的举动都会暴露在观众面前，即使未来在舞台上主持，也要保持良好的体态退至舞台的侧幕后方。

只有把握好上下场的细节要求，方可具备主持人体态表达的完整性，进而彰显出主持人成熟大方的形象气质。

（三）个人标志性手势语的体现

第四章"体态元素强化训练（一）"已经对"手势语的表达"进行了理论概述和元素训练。对于主持人而言，在主持节目的过程中，多是在与观众进行交流，所以"伴随性手势语"运用较多。而在有些节目中，节目编导为了增强节目的可看性，增强主持人与现场以及电视机前观众的互动性，往往会与主持人一同"开发"出符合该节目的"特殊"的手势语，我们把它归结为"标志性手势语"。比如，我们之前提到的《非常6+1》《出彩中国人》《开门大吉》等节目中主持人所做出的标志性手势语早已为大家所熟知。这些标志性的手势动作在加深观众对节目印象的同时也成为该节目的特定符号和标志，从而达到了良好的传播效果。

在本环节的训练中，要求学生除了能够恰当地运用伴随性手势语之外，还要设计出一个既符合节目内容又符合自己个性魅力的标志性手势语，从而增强学生的创造力和体态表达意识。

(四)不同内容中表情语的变化

在上一节"选手出场亮相风采展示"中,学生并未结合具体的节目内容,只是结合了一句话的自我介绍,所以表情语的体现相对比较单一。

在本环节的训练中,学生需要结合不同类型的电视节目、不同内容的节目开场、不同的表达语气以及不同的内在情绪进行综合展示。所以,表情语也要体现出变化性和多样性。整体来说,节目的开场主持要做到自然真诚、鲜活明朗、丰富多样,切忌矫揉造作、呆滞单调、过度夸张。学生在本环节的训练中要能够根据不同的训练内容准确、灵活地运用表情语,从而增强体态语的表达意识。

(五)单向交流时目光语的运用

针对主持人的目光语,我们在前几章已经有所训练。在这一环节的展示中,因为是单人节目的开场主持,所以就目光语的交流来说属于"单向交流",主持人只需要面对前方的观众或摄像机即可。具体要求详见第四章第一节"目光语的交流"之电视节目主持人单向交流时目光语的运用。

三、训练方法

(一)训练内容

以单人新闻节目《新闻大事件》的开场主持为训练内容:

"新闻新事件,时政时刻变;关注新闻报道,引领万千事件。观众朋友们,大家好!欢迎收看本期的《新闻大事件》,我是主持人××。"

(二)训练过程

1. "先走再说"的上下场设计

以①号选手及训练内容《新闻大事件》为例——

第一种:从形体室的正后方深度空间的中央位置上场,到达中度空间的中央位置站定。然后,进行节目的开场主持。开场主持完毕后,从观众的左侧或右侧转身下场。见图7-3。

第二种:从形体室深度空间的左斜后方4点的位置上场,到达中度空间的中央位置站定。然后,进行节目的开场主持。开场主持完毕后,从观众的右侧或左侧转身下场。见图7-4。

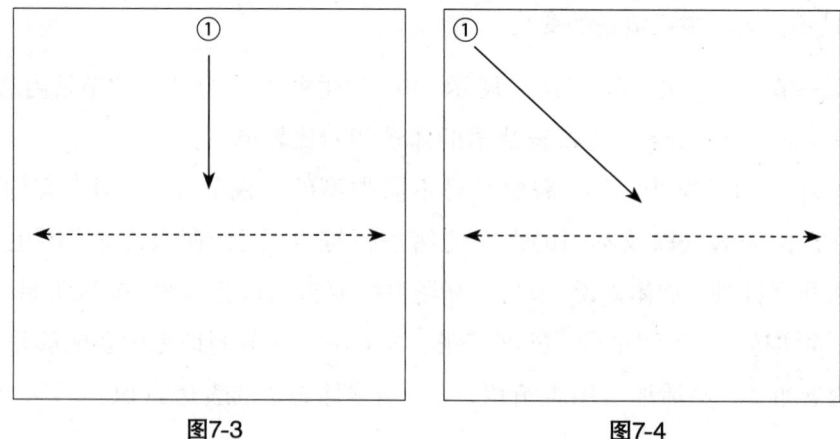

图7-3　　　　　　　　　　　图7-4

第三种：从形体室深度空间的右斜后方6点的位置上场，到达中度空间的中央位置站定。然后，进行节目的开场主持。开场主持完毕后，从观众的左侧或右侧转身下场。见图7-5。

第四种：从形体室中度空间的左侧方3点的位置上场，到达中度空间的中央位置站定。然后，进行节目的开场主持。开场主持完毕后，从观众的右侧或左侧转身下场。见图7-6。

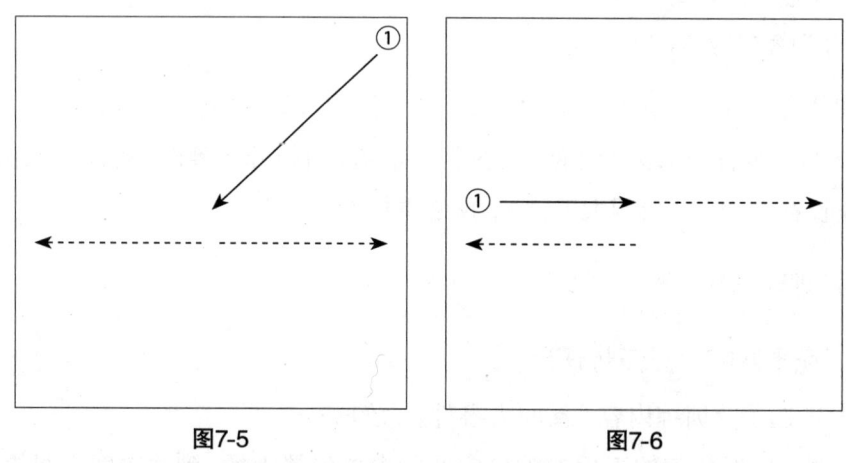

图7-5　　　　　　　　　　　图7-6

第五种：从形体室中度空间的右侧方7点的位置上场，到达中度空间的中央位置站定。然后，进行节目的开场主持。开场主持完毕后，从观众的左侧或右侧转身下场。见图7-7。

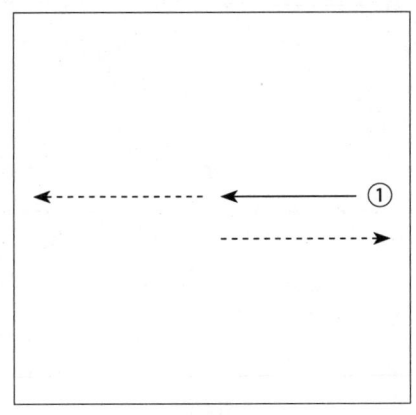

图7-7

2. "边走边说"的上下场设计

在"先走再说"上下场设计的基础上,边上场边进行节目的开场主持。同样以①号选手和训练内容《新闻大事件》为例——

在上场的过程中,边走边说"新闻新事件,时政时刻变;关注新闻报道,引领万千事件",说完前四句后,到达中度空间的中央位置。然后,原地继续进行节目开场的后半段主持:"观众朋友们,大家好!欢迎收看本期的《新闻大事件》,我是主持人××。"整个节目的开场主持完毕后,从观众的左侧或右侧转身下场。

3. 其他形式的上下场设计

除了"先走再说"和"边走边说"的上下场设计外,还有一些其他形式的上下场设计。

先"走"再"说",再"边走边说"。先从形体室深度空间的左斜后方4点的位置上场,到达深度空间的中央位置站定;然后,原地进行节目的开场主持:"新闻新事件,时政时刻变;关注新闻报道,引领万千事件。"接下来,再从深度空间的中央位置沿直线向前行走并站定在中度空间的中央位置,同时边走边说:"观众朋友们,大家好!欢迎收看本期的《新闻大事件》,我是主持人××。"开场主持完毕后,从观众的左侧或右侧转身下场。见图7-8。

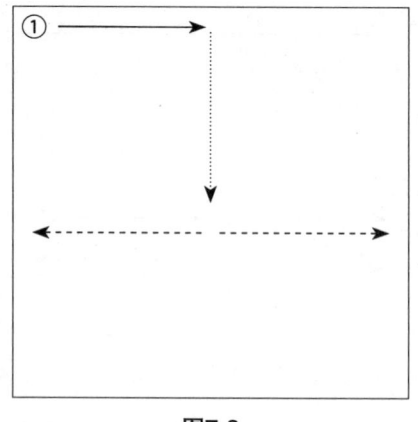

图7-8

先"边走边说",再"走",再"说"。先从形体室深度空间的左斜后方4点的位置上场,到达深度空间的中央位置站定,同时边走边说"新闻新事件,时政时刻变;关注新闻报道,引领万千事件。"然后,再从深度空间的中央位置沿直线向前行走并站定在中度空间的中央位置;待站定后再说:"观众朋友们,大家好!欢迎收看本期的《新闻大事件》,我是主持人××。"开场主持完毕后,从观众的左侧或右侧转身下场。见图7-9。

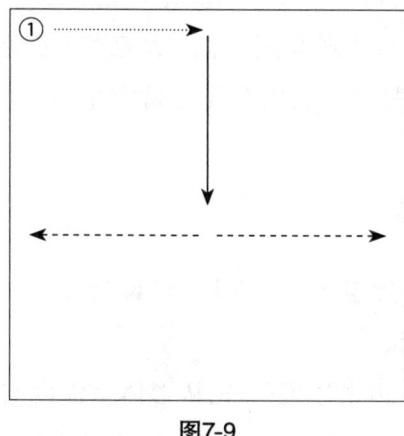

图7-9

（三）训练音乐

本环节的训练音乐由学生根据不同类型的节目内容自备片头音乐,在音乐的播放中或播放结束后进行单人节目的开场主持。

（四）训练总结

本环节的点评由训练过程中学生的互评和训练结束后教师的总评两部分构

成。具体如下：

在学生的互评中，将16位参赛选手分为4个小组，每组4人。在第一组的4人训练结束后，由第二组的4人分别对第一组的每一位参赛选手做详细点评。以此类推：三组点评二组；四组点评三组；一组点评四组。在学生的点评中，同样严格要求学生做到并保持作为一个点评嘉宾应具备的体态和状态。通过学生的互评环节可以培养学生发现问题、分析问题、解决问题的能力，从而加强学生的主动参与能力以及角色的转换能力。

训练结束后，由教师对学生互评中遗漏的问题进行补充，对训练过程中出现的问题进行剖析，逐一解决。待点评环节结束后，进行二次训练。

四、训练素材

（一）新闻性节目

1.《东南新闻眼》（东南卫视）

放眼海西，聚焦东南。您现在看到的是《东南新闻眼》，我是主持人××。

2.《天天630》（重庆卫视）

天天630，一按我帮您。观众朋友，大家好！欢迎收看本期的《天天630》，我是主持人××。

3.《朝闻天下》（CCTV-13）

朝闻天下，开启全新一天。大家好，我是主持人×××。

4.《第一时间》（安徽卫视）

紧随第一时间，生活天天新鲜。大家好，我是《第一时间》的节目主持人×××。

5.《今日聚焦》（浙江卫视）

反映百姓心声，评说热点难题。大家好，这里是《今日聚焦》，我是主持人×××。

（二）服务性节目

1.《生活·帮》（湖北卫视）

生活帮，会生活。满足好奇，揭开真相，让你智慧生活，更会生活。观众朋友们，大家好！欢迎收看《生活帮》，我是主持人××。

2.《天天饮食》（CCTV-1）

经典中国香，地道十三香。欢迎来到"王守义十三香"独家冠名播出的《天天饮食》。今天，我们来学做一道最普通的家常菜——地三鲜。

3.《印象宁夏》（宁夏卫视）

读宁夏，看宁夏，品宁夏！欢迎收看这一期的《印象宁夏》，我是主持人××。

4.《金牌调解》（江西卫视）

有问题，来调解；来调解，没问题。各位好，这里是江西卫视《金牌调解》，我是××，有请调解员××。

5.《家政女皇》（河北卫视）

在轻松、愉快的氛围中体会生活的真谛！大家好，欢迎收看今天的《家政女皇》，我是主持人××。

（三）文艺性节目

1.《娱乐无极限》（湖南卫视）

娱乐无极限，每天都新鲜。欢迎收看每天给您带来新鲜资讯的《娱乐无极限》，Hello大家好，我是××。

2.《中国好声音》（浙江卫视）

怕上火，喝加多宝！欢迎收看由"加多宝凉茶"独家冠名播出的《中国好声音——巅峰之夜》，我是主持人××。

3.《欢乐喜剧人》（东方卫视）

搞笑，我们是认真的。各位观众朋友们，大家晚上好！欢乐无限超级想象！本节目由"红牛"功能性饮料为《欢乐喜剧人》添能加油，我是主持人××。

4.《非诚勿扰》（江苏卫视）

说出你的爱，牵手趁现在！欢迎收看由"奶茶领导者——香飘飘奶茶"冠名播出的大型生活服务类节目《非诚勿扰》。大家好,我是××。

5. 《非常完美》(贵州卫视)

完美告白,为爱转身。各位观众朋友们,大家晚上好,欢迎来到贵州卫视《非常完美》,我是×××。

(四)教育性节目

1. 《探索·发现》(CCTV-10)

探索未知,发现真实。各位观众朋友,大家好!欢迎收看《探索·发现》,我是主持人×××。

2. 《品读》(重庆卫视)

品读经典,光亮人声;对话历史,畅游古今。欢迎收看今天的《品读经典》,我是各位的老朋友××。

3. 《经典传奇》(江西卫视)

经典传奇,再现历史。欢迎收看本期的《经典传奇》,我是主持人×××。

4. 《真情》(湖南卫视经济频道)

人间有真情,人间有真爱。观众朋友们,大家好!欢迎来到《真情》的节目现场,我是主持人×××。

5. 《今日说法》(CCTV-1)

大家好,这里是《今日说法》。在讲述今天的案件之前,先来看这样一张照片。①

第四节　双人搭档节目主持开场训练

一、训练目的

通过本环节的训练,学生能够在双人节目的开场主持中正确地运用和把握体态语;充分地调动舞台空间;较好地完成双人之间的配合并能结合有声语言进行整

---

① 以上训练素材均摘自中央广播电视总台及各省市的电视节目。

体的呈现,从而为之后的双人节目主持打下牢固的体态基础。

二、训练要求

(一)双人上下场的设计

如果把形体室正前方当作观众席或者摄像机的机位,那么双人搭档节目的开场主持与单人节目开场主持的训练空间一样,都是除了正前方的空间之外还有三个空间可以充分利用。在这三个可用的空间中,因为是双人的上下场,所以舞台上就有了两个动态点,而这两个动态点以不同的方式连接就会形成不同的舞台效果,在纵横交错间构成丰富多样的上下场设计。

1. 双人上场设计的要求

①②号选手从不同的位置出发,至少可以形成八种不同的上场方式。见图7-10。

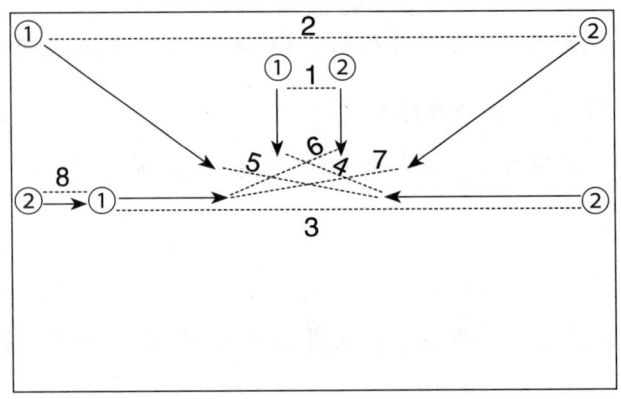

图7-10

对学生来说,无论选择哪种上场方式,都要能做到灵活地运用和把握。具体需要做到以下两点。

第一,同时出场时,步调要保持一致。

双人在同一个空间同时出场时,比如:①②号选手都从深度空间的正后方中央位置出场至中度空间的中央位置(图7-11)。在行进的过程中两人的步伐节奏应协调一致,不能出现你快我慢或你慢我快的情况,否则就会缺失双人搭档的配合性。

双人在不同的空间同时出场时，比如：①号选手从深度空间的左斜后方4点的位置出发，到达中度空间的中央位置；同时，②号选手从中度空间的右侧7点的位置出发，也到达中度空间的中央位置（图7-12）。在行进的过程中两人的步伐节奏同样要协调一致，而且要在一个时间点同时到达舞台中度空间的中央位置。

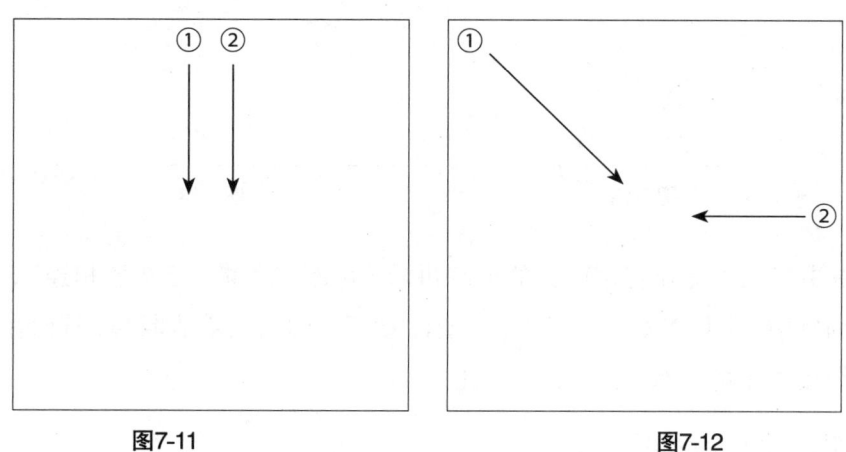

图7-11　　　　　　　　　　　图7-12

双人搭档出场时，无论两人是在同一空间还是在不同空间，只要是同时出场，就意味着两人从一开始就构成了一个整体，只有保持步调的一致，才能在既定的时间走至规定的位置。除此之外，在出场过程中还要具备灵活调整空间位置的能力，从而彰显出双人搭档的整体性。

第二，分开出场时，节奏衔接要紧凑。

双人在同一个空间分开出场时，比如①②号选手都从深度空间出发，①号选手先从左斜后方4点的位置出发，等到达中度空间的中央位置后，②号选手再从右斜后方6点的位置出发，同样到达中度空间的中央位置（图7-13）。在这个过程中虽然是分开出场，并在不同的时间点到达同一位置，但要注意的是两人的衔接要紧凑一些，不能出现①号选手走到位置后等待②号选手出场的情况，因为这样的等待就等同于脱节或断裂，同样会缺失双人搭档的整体性。

双人在不同的空间分开出场时，比如①号选手先从深度空间的右斜后方6点的位置出发，等到达中度空间的中央位置后，②号选手再从中度空间的左侧3点的位置出发，同样到达中度空间中央位置（图7-14）。在这个过程中也要注意两人衔接的紧凑性。

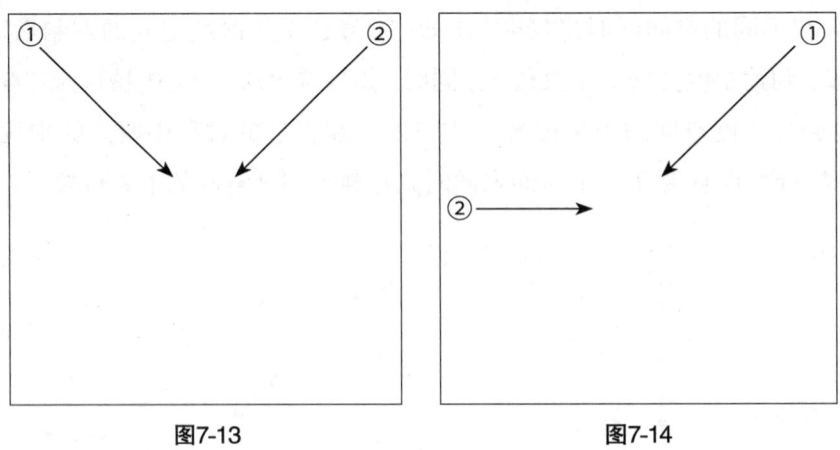

图7-13　　　　　　　　图7-14

播音主持艺术专业有声语言的训练讲求"声断气不断,音断意相连",而在体态语的训练中,尤其在双人搭档时,也要注意两人的衔接不能断裂,从而在自然且紧凑的衔接中保持体态、状态的连续性。

2. 双人下场设计的要求

在双人搭档节目的开场主持结束后,选手的下场一般采用"同向下场式"。即两位选手无论选择哪种上场方式,在下场时,都统一从一个方向(向左或向右)转身下场。这样的下场方式更能体现出双人搭档的整体性,也更符合受众的心理接受度。但并非绝对不可采用"反向下场式",具体还需要搭档的两位选手根据主持的内容、节目性质以及舞台的调度灵活运用。

在"同向下场"的设计中,需要把握的一点要求是:注意礼节性的体现,遵循"女士优先"的原则。

假定①号选手为女性,②号选手为男性。如果两人一起从左侧下场,应该女士先行,男士保持一定的间距跟随女士后方下场;如果两人一起从右侧下场,男士则要主动退后一步并给出"有请"的手势后,女士先行,男士保持一定的间距跟随女士后方下场。

假定①②号选手为同性,两人无论是从左或从右下场时,都是由靠下场外侧的选手先行,靠内侧的选手保持一定的间距跟随下场。

上述两种下场方式是在一般的情况下需要遵循的,在学生未来的工作中可能会和一些师长、前辈同台主持,这时候还要遵循"长者优先"的原则,做到尊重前辈、符合礼节方能彰显出主持人的人格魅力。

(二)双人空间的把握

1. 双人行进空间的要求

如果两人在同一位置同时出场，比如①②号选手都从深度空间的正后方中央位置出场至中度空间的中央位置，在行进的过程中，两人要始终保持一肩的距离。如果两人的间距过小，就会显得局促；如果两人的间距过大，又会有失整体性。

如果两人在不同位置同时出场，比如①②号选手分别从深度空间的左斜后方4点和右斜后方6点的位置同时出场至中度空间的中央位置，在行进的过程中，两人应以定格的位置为目标位置，走一个"倒梯形"的路线，同时到位。

如果两人在不同位置分开出场，比如①号选手先从深度空间的左斜后方4点的位置出发，到达中度空间的中央位置，②号选手再从中度空间的右侧7点的位置出发，到达中度空间的中央位置，在行进的过程中，两人除了要以定格的位置为目标位置外，后出场到位的②号选手还应当以先出场到位的①号选手作为参照，准确地到达自己的定格位置。

一般情况下，在男女搭档出场时，由于女士多穿着正装及高跟鞋，所以男士要适当地放慢步伐，照顾到身旁的女士；女士也应当调整好自己的步伐，使得行进过程中两人的步伐节奏达到均匀、统一，从而体现出双人搭档的整体性效果。

2. 双人定格空间的把握

无论是两人在同一位置同时出场还是在不同位置同时出场或是在不同位置分开出场，当到达定格位置后，两人之间都应当打开一肩的距离。如果打开的间距过小，就会显得空间局促，不便于做出手势动作；如果打开的间距过大，又会有失双人搭档的整体性效果。

3. 双人造型空间的架构

在双人搭档节目的开场主持中，有时会运用身体姿态做出一定的造型来体现双人搭档的整体性效果。在双人造型架构的过程中也应当灵活地运用和把握空间位置，适度调整空间位置来呈现双人的造型效果。

(三)双人标志性手势语的体现

在手势语的运用上，与前一环节"单人节目主持开场训练"一样，除了能够恰当地运用伴随性手势语之外，还要设计出一个既符合节目内容又符合主持人个性魅力的标志性手势语，但不一样的是，这个标志性手势语的"设计"是由两人共同配合完成的。那么，如何才能较好地完成一个双人标志性的手势语呢？

首先，需要两人共同揣摩和研究，设计出一个符合节目性质和内容的标志性手势语；其次，考虑这个标志性手势语是由两人同步搭建形成，还是由两人一前一后搭建而成；最后，在确定好方案后，两人多次磨合、反复练习，才能达到预期的设计效果。

（四）双向交流时目光语的运用

在前一环节"单人节目开场主持"的训练中，因为是一个人完成开场的主持，所以就目光语的交流来说属于"单向交流"，主持人只需面对前方的观众或摄像机即可；而在这一环节的训练中，因为是由两个人共同配合完成开场的主持，所以目光语的交流属于"双向交流"。即主持人除了需要完成与前方观众或摄像机的交流之外，还应当与搭档之间建立起交流的关系。具体要求详见第四章第一节"目光语的交流"之电视节目主持人双向交流时目光语的运用。

三、训练方法

（一）训练内容

以双人娱乐节目《娱乐通天下》的开场主持为训练内容：

①：这里有人气最旺的娱乐明星；

②：这里有感觉最High的独家报道；

①：只要你来看，就会有你想要的娱乐大餐。

②：搜索最前沿、最火爆的娱乐资讯，就在——

合：《娱乐通天下》。

①：大家好，我是××。

②：我是××。

（二）训练过程

以①②号选手及训练内容《娱乐通天下》为例，归纳总结出以下训练方法：

1. "同时出场，先走再说"的上下场设计

第一种：①②号选手从形体室的正后方深度空间的中央位置上场，到达中度空间的中央位置定格。然后，进行节目的开场主持。开场主持完毕后，两人一起从观众的左侧或右侧转身下场。见图7-15、7-16。

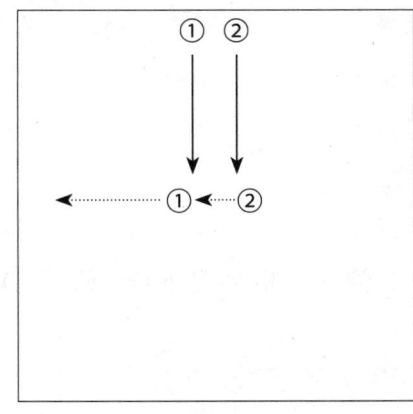
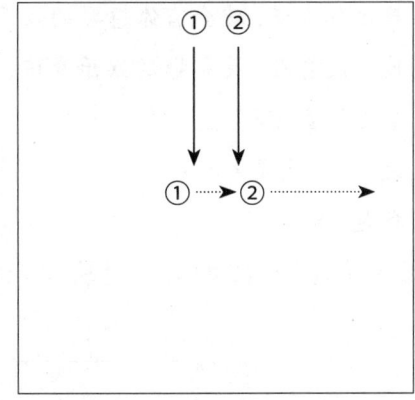

图7-15　　　　　　　　　图7-16

第二种：①②号选手从形体室中度空间的左侧方3点的位置出场，到达中度空间的中央位置定格。然后，进行节目的开场主持。开场主持完毕后，两人一起从观众的右侧或左侧转身下场。见图7-17。

第三种：①②号选手从形体室中度空间的右侧方7点的位置出场，到达中度空间的中央位置定格。然后，进行节目的开场主持。开场主持完毕后，两人一起从观众的左侧或右侧转身下场。见图7-18。

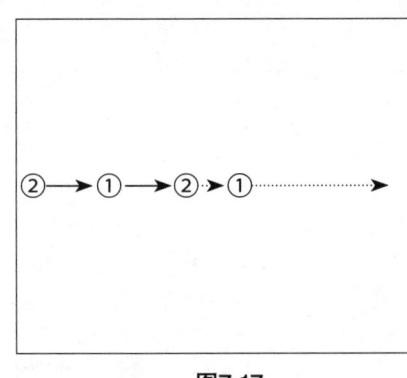
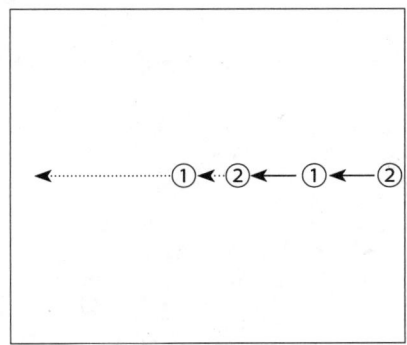

图7-17　　　　　　　　　图7-18

2. "同时出场，边走边说"的上下场设计

第一种：①号选手从形体室中度空间的左侧方3点的位置出场，边走边说"这里有人气最旺的娱乐明星"，说完到达中度空间的中央位置定格；同时，②号选手从形体室中度空间的右侧方7点的位置出场，走到中度空间的中央位置后再开始说："这里有感觉最High的独家报道"。此时，①②号选手已经站定在一起，接着继续进行开场的主持——

①：只要你来看，就会有你想要的娱乐大餐。

②：搜索最前沿、最火爆的娱乐资讯，就在——

合：《娱乐通天下》。

①：大家好，我是××。

②：我是××。

开场主持完毕后，两人一起从观众的左侧或右侧转身下场。见图7-19至图7-21。

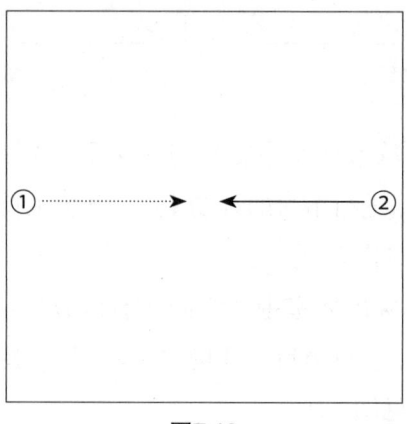

图7-19

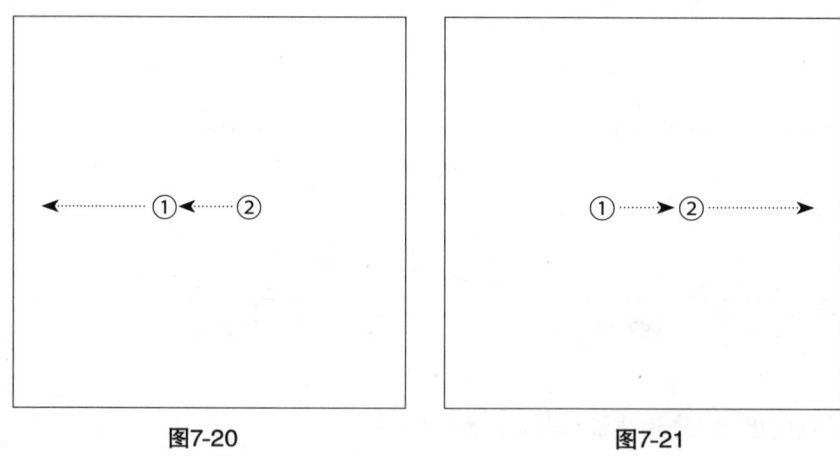

图7-20　　　　　　　　　　图7-21

第二种：①号选手从形体室深度空间的左斜后方4点的位置出场，边走边说"这里有人气最旺的娱乐明星"，说完到达中度空间的中央位置定格；同时，②号选手从形体室深度空间的右斜后方6点的位置出场，走到中度空间的中央位置后再开始说："这里有感觉最High的独家报道"。此时，①②号选手已经站定在一起，接着继续进行开场的主持。开场主持完毕后，两人一起从观众的左侧或右侧转身下场。见图7-22至图7-24。

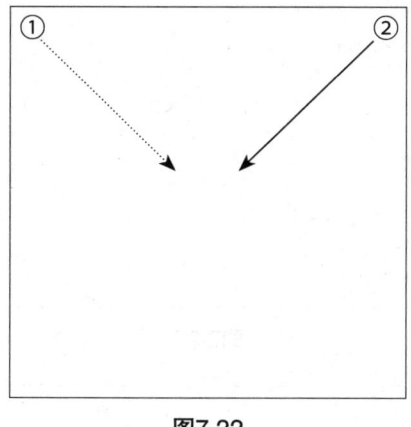

图7-22

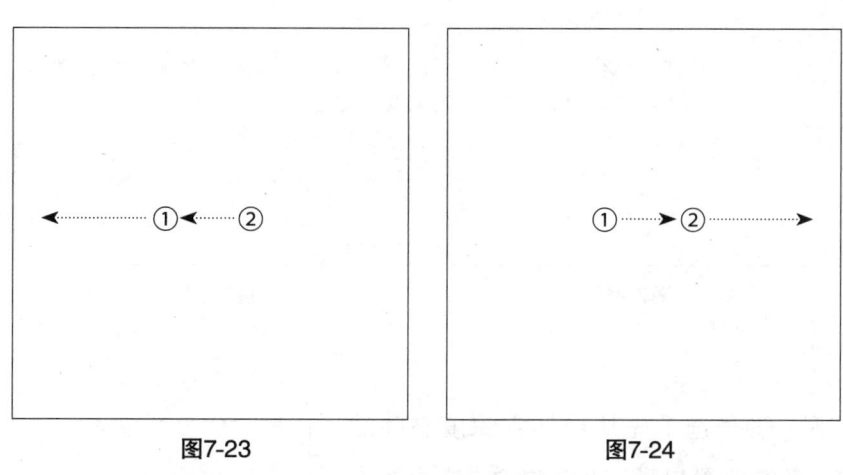

图7-23　　　　　　　　图7-24

3. "分开出场，边走边说"的上下场设计

第一种：①号选手先从形体室深度空间的左斜后方4点的位置出场，边走边说"这里有人气最旺的娱乐明星"，说完到达中度空间的中央位置定格；紧接着，②号选手从形体室中度空间的右侧方7点的位置出场，边走边说"这里有感觉最High的独家报道"，说完同样到达中度空间的中央位置定格。此时，①②号选手已经站定在一起，接着继续进行开场的主持。开场主持完毕后，两人一起从观众的左侧或右侧转身下场。见图7-25至图7-27。

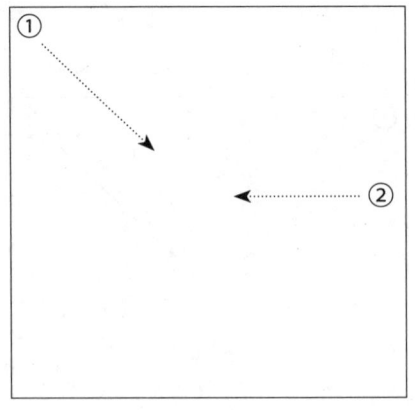

图7-25

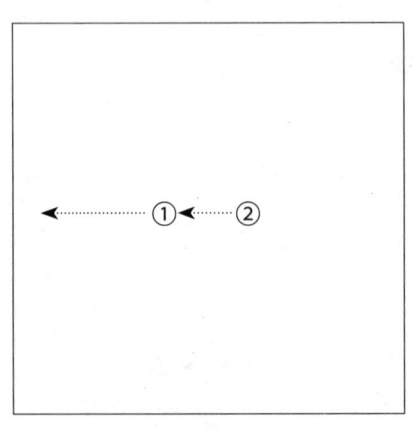

图7-26

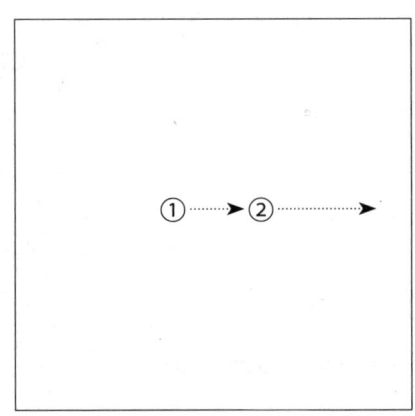

图7-27

第二种：①号选手先从形体室深度空间的右斜后方6点的位置出场，边走边说"这里有人气最旺的娱乐明星"，说完到达中度空间的中央位置定格；紧接着，②号选手从形体室中度空间的左侧方3点的位置出场，边走边说"这里有感觉最High的独家报道"，说完同样到达中度空间的中央位置定格。此时，①②号选手已经站定在一起，接着继续进行开场的主持。开场主持完毕后，两人一起从观众的右侧或左侧转身下场。见图7-28至图7-30。

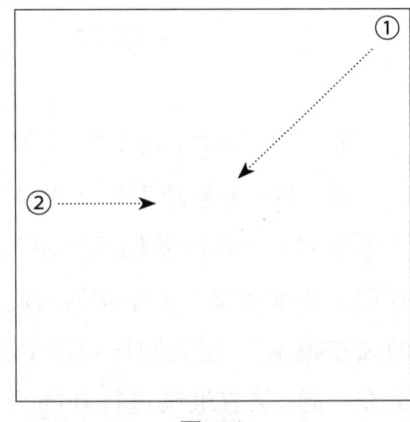

图7-28

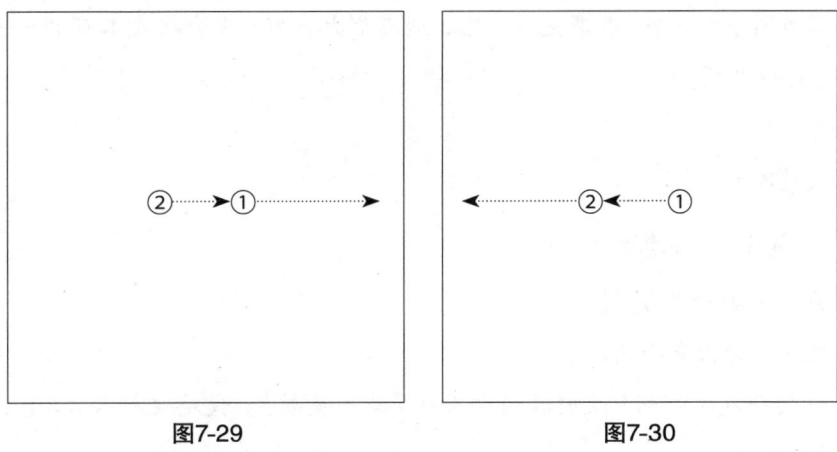

图7-29　　　　　　　图7-30

（三）训练音乐

本环节的训练音乐由学生根据不同类型的节目内容自备片头音乐曲目，在音乐的播放中或播放结束后进行双人搭档节目的开场主持。

（四）训练总结

本环节的点评由训练过程中学生的互评和训练结束后教师的总评两部分构成。具体如下：

在学生的互评中，16位参赛选手两两一组，共8组。在第一组的两位选手训练结束后，由第二组的两位选手分别对第一组的两位参赛选手做详细点评，以此类推：三组点评二组；四组点评三组……一组点评八组。在学生的点评中，同样严格要求学生做到并保持作为一个点评嘉宾应具备的体态和状态。同时，对其他选手在双人节目的开场主持中出现的体态问题有一个准确把握并能言简意赅地指出问题所在。

训练结束后，由教师对学生互评中遗漏的问题进行补充，对训练过程中出现的问题进行剖析，逐一解决。待点评环节结束后，进行二次训练。

四、训练素材

（一）新闻性节目

1.《新闻纵横》（中央人民广播电视总台中国之声）

①：风声雨声读书声，声声入耳；

②：家事国事天下事，事事关心。观众朋友们大家好！欢迎收看本期的——

合：《新闻纵横》

①：我是××。

②：我是××。

2.《新闻夜航》（黑龙江卫视）

①：关注生活世事百态，

②：讲述身边大事小情。

①：观众朋友大家好！欢迎收看今天的《新闻夜航》，我是主持人×××。

②：我是××。

3.《说天下》（辽宁卫视）

①：世界天天变，新闻时时有；

②：新闻脱口秀，妙语说天下。

①：大家好，欢迎收看本期的——

合：《说天下》

①：我是主持人××。

②：我是主持人××。

4.《齐鲁先锋》（山东卫视）

①：把握民生资讯，

②：着眼先进事迹。

①：各位观众朋友，大家好！欢迎收看本期的——

合：《齐鲁先锋》

①：我是主持人×××。

②：我是主持人×××。

5.《文话视界》（山西卫视）

①：聚焦新闻文化热点，

②：讲述发生在你我身边的动人故事。

①：各位观众晚上好，欢迎收看今天的《文话视界》，我是主持人××。

②：我是主持人××，下面一起走进今天的热点话题。

（二）服务性节目类

1.《交换空间》(CCTV-2)

①：你家我来装，

②：我家你来装。

①：交换空间，

②：创意无限。

①：大家好，我是××。

②：我是××，欢迎大家收看本期的——

合：《交换空间》

2.《家有妙招》(CCTV-1)

①：妙招大看台，

②：有招您就来！

①：Hello，大家好，欢迎收看今天的——

合：《家有妙招》

①：我是你们的老朋友××。

②：我是××。

3.《智慧树》(CCTV-14)

①：智慧树上，智慧果；

②：智慧树下，你和我；

①：智慧树前做游戏，欢乐——

合：多——又——多。

①：大家好，我是红果果。

②：大家好，我是绿泡泡。欢迎来到——

合：智慧树乐园。

4.《职来职往》(中国教育电视频道)

①：职来职往，前途宽广。

②：欢迎大家来到中国教育电视频道，您现在收看的是由"品质改变世界，服务感动中国"的"欧派电动车"独家冠名播出的——

合：《职来职往》。

①：我是主持人××。

②：我是××。首先，热烈的掌声送给我们今天的18位达人老师，欢迎你们的到来！

5.《篮球公园》(CCTV-5)

①：篮球公园，球迷们的乐园。

②：爱篮球，没理由。欢迎收看本期的——

合：《篮球公园》。

①：观众朋友们，大家好！我是主持人×××。

②：大家好，我是主持人×××。

(三)文艺性节目类

1.《娱乐星天地》(东方卫视)

①：生活需要娱乐，

②：娱乐点亮生活。

①：Hello，大家好。现在为您播出的是——

合：《娱乐星天地》。

②：首先，让我们来看看今天有哪些精彩的娱乐消息。

2.《中国电影报道》(CCTV-6)

①：网罗影坛快讯，

②：聚焦娱乐热点。

①：Hello，大家好！我是××。

②：我是××。很高兴跟大家一起分享今天的——

合：《中国电影报道》。

3.《快乐大本营》(湖南卫视)

①：快乐大本营，

②：天天好心情。

①：欢迎各位观众在星期六的晚上来到由"OPPO"手机独家冠名播出的——

合：《快乐大本营》。

①：我是××。

②：我是××。

4.《我爱记歌词》(浙江卫视)

①：现场以及电视机前的观众朋友们，欢迎大家光临浙江卫视"中国蓝"。

②：这里是由"中国蓝"为您精彩呈现的《我爱记歌词》。

①：请所有朋友们一起喊出我们的口号——

合：周周唱好歌，我爱记歌词。

5.《大戏台》(山西卫视)

①：喜看梨园春常在；

②：生旦净末显风采。

①：要想体会戏中乐；

合：欢迎走进《大戏台》。

①：观众朋友大家好，我是《大戏台》的节目主持人××。

②：我是××。

(四)教育性节目类

1.《美丽梦想》(新疆卫视)

①：讲述美丽人生，点亮梦想中国。

②：欢迎收看由"新疆承天股份"冠名播出的《美丽梦想》，我是主持人××。

①：我是××。

②：我们今天节目的主人公来自山东，16岁他来到新疆且末县琼库勒乡琼库勒村，从此在这里定居了下来。

①：而且一住便是35年，村民们给他起了一个寓意吉祥的好听的维吾尔名——海威尔。

②：那么，他是怎样的一个人呢？在他身上又发生了怎样的故事？

①：让我们一起跟随镜头短片来走进他的故事。

2.《天下父母》(山东卫视)

①：亲情，有一种奇妙无比的力量；

②：亲情，是一则永不褪色的话题。

①：亲情，是一坛陈年老酒，甘甜醇美；

②：是一幅传世名画，精美隽永；

合：是一首经典老歌，轻柔温婉。

①：观众朋友大家好，欢迎收看本期的《天下父母》，我是主持人××。

②：我是××。首先，让我们通过一段VCR，走进这样一对父母。

3.《故事会》（湖南经视）

①：你可以拒绝一个观点，

②：但是你不能拒绝一个故事。

①：大家好！欢迎收看本期的——

合：《故事会》。

①：我是主持人×××。

②：我是主持人×××。

4.《档案》（北京卫视）

①：看档案传奇，

②：品百味人生。

①：欢迎各位准时收看北京卫视纪实栏目——

合：《档案》。

①：我是××。

②：我是××。

5.《地球宣言》（凤凰卫视）

①：每天讲述一个地球故事，

②：让我们倾听地球的心声。

①：各位观众，大家好！欢迎收看本期的——

合：《地球宣言》。

①：我是主持人×××。

②：我是××。[①]

第五节 多人电视综艺晚会节目主持开场训练

一、训练目的

通过本环节的训练，学生能够在多人电视综艺晚会节目的开场主持中正确地

[①] 以上训练素材均摘自中央广播电视总台及各省市的电视节目。

运用和把握体态语；较好地完成单人与多人之间的配合；能保持良好的主持状态并进行整体性的呈现，从而为之后的多人节目主持打下牢固的体态基础。

二、训练要求

（一）把握主题定基调

艺术的表达只有建立在内在情感的基础上才能显示出更为强大的表现力和感染力。播音主持艺术的有声语言讲求"以情带声"，在体态语的表达中也讲求"以情带动"，当二者兼备时才能为观众呈现出良好的视听效果。

在多人电视综艺晚会节目的主持中，也需要主持人"以情带声""以情带动"。其中，决定情感表达的一个重要因素就是晚会的主题和内容。不同主题和内容的晚会，主持人的主持基调和情感表达也各不相同，而不同的主持基调和情感表达又会影响到体态语的具体运用。这里的"主持基调"不是简单的指主持人声音高低强弱的变化，而是指主持的基本情调，即主持人总的态度情感、总的色彩和分量，以及具体的态度。

在同一类型的电视综艺晚会中，主持人的情感表达也是不尽相同的。比如"春节联欢晚会""元宵晚会"和"中秋晚会"同为中国传统节日联欢晚会，但在"春节联欢晚会"中，体现更多的是一种阖家团圆，期盼春天的热闹、欢乐、祥和的氛围，它作为一种仪式化了的新年俗，就像除夕夜的饺子一样不可或缺；在"元宵晚会"中，赏花灯、猜灯谜、闹元宵，更多的是突出了红红火火闹元宵当中的"闹"（与历年元宵晚会不同，2020年元宵节正值全国抗击新型冠状病毒肺炎疫情的关键时期，疫情防控牵动着全国人民的心，中央广播电视总台精心创作了一批形式多样、感人至深、提振信心的文艺作品，推出了2020年元宵节特别节目）；在"中秋晚会"中，同样体现一种团聚之情，但又多了一份唯美温馨、大气浪漫的氛围，以及对家的思念和一种淡淡的乡愁。

（二）划分层次稳节奏

划分层次是"备稿六步"中的第一步，对稿件进行层次的划分是为了更准确、清晰、鲜明、生动地进行有声语言的表达。在多人电视综艺晚会节目的开场主持前，主持人对主持词的层次划分得越清晰，内心节奏就越稳定。心理稳了，语言表达就会更加流畅，自然也会使得主持状态越加饱满，恰在此时，主持人的体态语也会运用得更加充分。

（三）服装搭配看主题

在本环节的训练中，主持人的服装搭配尤为值得一提。在开场主持前，主持人的服装选择及搭配既要考虑是否符合晚会的主题，还要考虑服装色彩的搭配是否协调统一，能否达到最佳的舞台视觉效果。

（四）出场设计要简洁

在多人电视综艺晚会节目的开场主持训练中，主持人的出场要力求简洁，突出整体性。一般情况下，4—6人同时从舞台的上场口排成一列，走至舞台的中央，也可以从中间一分为二，分成两组，分别从舞台的左右侧同时走至舞台的中央；有些情况下，主持人的出场亮相与晚会的开场歌舞表演要融为一体，在表演的过程中，需要主持人从舞台的一侧或者两侧走至舞台深度空间的中央位置，待舞蹈演员向两侧退场时，正好显现出4—6位主持人，然后几位主持人同时向前走至舞台中度空间的中央位置进行主持。

在本环节的训练中，主持人的出场设计除了要力求简洁之外，还要突出整体性效果。其中，最突出的一点表现就是多位主持人从两侧或一侧上场时要保持步调的一致性，拉开对等的间距，尤其是在向前行进时要保持排面的整齐，这样才能体现出一种整体效果。

（五）目光交流需全面

在多人电视综艺晚会节日的开场主持训练中，主持人日光语的交流属于"多向交流"，包括主持人与现场观众或摄像机的交流以及主持人与搭档之间的交流。其中，在主持人与搭档之间的交流中又包括"一（人）对一（人）"的交流和"一（人）对多（人）"的交流。

不同的晚会主题和内容决定了开场主持是否需要设计加入主持人之间的互动。有些晚会的开场主持没有设计双人或多人之间的互动，这时候只需要主持人完成与前方观众的交流即可；在有些晚会的开场主持中，比如央视的春节联欢晚会或元宵晚会，设计了主持人与观众的互动以及主持人与搭档之间的互动，这时候主持人就既需要完成与观众的目光语交流，又需要完成与搭档的目光语交流。

（六）主持状态要保持

在多人电视综艺晚会节目的开场主持训练中，学生们往往会出现这样一种问题——对于正在主持中的学生来说，会特别注意自己的状态、语态和体态，而作为搭档的其他主持人往往会忽略掉自己的状态，不仅缺失了搭档意识，而且也缺失了与观众的交流，整个过程中状态的对比是非常明显的。

这是主持人缺乏整体意识的一种表现。既然是多人主持，那么每个人都是整体中的一部分，作为主持者具备良好的主持状态是必须做到的，而作为搭档在不主持时应该具备比主持者更为饱满的状态才能与主持者形成一个有机的整体，体现出多人主持的整体性。

（七）礼仪得当有内涵

在多人电视综艺晚会节目的开场主持训练中，除了有声语言和体态语的表达之外，礼仪性的体现也是主持人表达中的一部分。礼仪性不仅仅体现在主持人上下场中所遵循的"女士优先""长者优先"原则上，也体现在服装、道具的运用中，甚至体现于主持人在台上的一颦一笑、一举一动。

比如在春节联欢晚会的开场主持中，经常看到主持人给大家拜年时，做出"作揖"的手势动作，由于手握话筒，主持人只是做出象征性的动作，并非完全合乎中国传统文化礼仪中对于"作揖"手势的要求。

作揖，是我国传统的一种礼节，拱手为礼，是古代宾主相见时常用的礼节。两手抱掌前推，身子略弯，表示向人敬礼。因为不需要触碰手部，它相比于外国人的握手礼有更卫生的特点。

作揖根据不同场合、不同性别有不同用法，男性右手在内左手包于外上称为"吉拜"，常用于过年等喜庆场合，反之则是"凶拜"，一般用于吊丧。女性的手势和男性是相反的，左手握拳右手包于其上是"吉拜"。

礼仪是否得当是检验一个主持人是否具有较高的文化修养、道德情操的重要标准。主持人只有通过不断地学习和积累，才能充实自己的文化内涵，从而成为一名"颜值"与"言值"兼备、气质与内涵并存的优秀主持人。

（八）话筒位置要注意

在前几个环节的训练中无须学生准备话筒，是为了充分训练手势语，而在本环节的训练中要求学生自备无线话筒，是为了使学生在接下来的学习中建立与话筒的关系，找到话筒前的状态，从而更好地进行有声语言的表达。

学生在本环节经常出现的问题有两种：一是完全没有运用话筒的意识，只是把话筒当作手里的道具；二是手握话筒时不能做到正确、规范的操作。很显然，第一个问题是意识方面的问题，需要学生多加注意，而第二个问题是需要学生反复练习才能做到的。

就第二个问题来说,如何正确地摆放话筒,与话筒建立良好的关系是需要我们注意的。首先,主持人出场时一般是一只手握住话筒,另一只手臂自然下垂,在走步的过程中,下垂的手臂可以自然摆动,而握话筒的手臂要尽量控制住,不要前后大幅度地摆臂,同时还要注意话筒的头部不要朝下;其次,站定后,握话筒的手臂微微向上抬起,将话筒放置腹部的前方,手臂自然弯曲成圆弧形,也可以两手同时握住话筒;再次,在开始说话时,握话筒的手臂继续向上抬起,小臂与大臂形成小于90度的夹角,但不要翘臂,将话筒的头部放至下颌的前方,并与唇部保持一定的距离;最后,在表达结束后,握话筒的小臂向下,可以将话筒放置于胸前的位置。

需要注意的是,在多人主持的过程中要注意次序的衔接,当前一位主持人的表达完成后,下一位主持人应很自然地抬起话筒进行表达,如果语言衔接得过于紧凑,则要将话筒提前准备到位,整个过程中不要猛起、猛落;还需要注意的是握话筒主持时既不要向内侧夹臂也不要向外侧翘臂,向内侧夹臂会显得拘谨、小气,向外侧翘臂则会显得不庄重。有些歌手在演唱时,会将话筒向上翘起,挡住唇部,手臂自然也会向外翘起,这与主持人应具备的端庄、大气是相违背的,也是不可取的。

(九)紧扣音乐显融合

作为电视综艺晚会的节目主持人必须具备扎实的音乐素养,这使得主持人在开场主持时,能够切合音乐,准确地把握心理节奏、语言基调和主持状态,从而彰显出电视综艺晚会主持人特有的成熟稳重、端庄大气的风格魅力。

从体态语的角度来说,对于多人主持的电视综艺晚会,最容易出现的问题就是配合。在有背景音乐作为铺垫时,几位主持人什么时候出场,什么时候定位,什么时候第一位主持人开始说话,这些问题都关乎整个晚会的进程。有时,在晚会的彩排中会有现场导演的提示,但更多的时候,主持人自身要有能够把控音乐的能力。只有在听懂音乐的旋律、把握音乐的节奏和基调的基础上,几位主持人在出场时,才能保持步调一致,达到整体的效果。

三、训练方法

(一)训练过程

在本环节的训练中,将16位学生分成4个小组,每组4位学生。然后以小组为单位选定一种类型的电视综艺晚会，并观摩至少三场同类型的晚会，选择其中的一场作为展示的内容，之后进行开场节目主持词的准备，反复磨合、练习。

（二）训练音乐

本环节的训练音乐由学生根据不同类型的节目内容自备片头音乐曲目，在音乐的播放中或播放结束后进行多人搭档节目的开场主持。

（三）训练总结

本环节的点评由训练过程中选手的互评和训练结束后教师的总评两部分构成。具体如下：

在第一组的4位选手训练结束后，由第二组的4位选手分别对第一组的4位参赛选手做详细点评。以此类推：三组点评二组；四组点评三组；一组点评四组。在学生点评时，要求学生做到并保持作为一个点评嘉宾应具备的体态和状态，同时对其他选手在多人节目的开场主持中出现的体态问题有一个准确把握并能言简意赅地指出问题所在。

训练结束后，由教师对学生互评中遗漏的问题进行补充，对训练过程中出现的问题进行剖析，逐一解决。待点评环节结束后，进行二次训练。

四、训练素材

（一）专题晚会

1. 我们的四十年——庆祝改革开放40周年文艺晚会

http://tv.cctv.com/2018/12/18/VIDEXAXcoV8xSXyLfUYZ7HnY181218.shtml?spm=C55953877151.PuvgIQ6NQbQd.0.0

2. 中国梦·劳动美——2019年五一"心连心"特别节目

https://tv.cctv.com/2019/05/01/VIDE0MhJrR6SHSv9XARnUVf6190501.shtml?spm=C55953877151.PuvgIQ6NQbQd.0.0

3. 我们都是追梦人——2019年"五月的鲜花"全国大中学生文艺会演

https://tv.cctv.com/2019/05/11/VIDEPnQoC2N8qZFNMoPsJJOq190511.shtml?spm=C55953877151.PuvgIQ6NQbQd.0.0

4. 奋斗吧 中华儿女——庆祝中华人民共和国成立70周年文艺晚会

http://tv.cctv.com/2019/09/30/VIDE9gQDHFQfgQw2Kx8ZYdtH190930.shtml?spm=C55953877151.PuvgIQ6NQbQd.0.0

5. 2020年中央广播电视总台"3·15"晚会

https://tv.cctv.com/2020/07/16/VIDEKUabPK85AMQJ3BvDgv2T200716.shtml?spm=C55953877151.PHXsiQANZko2.0.0

6. 中国梦·祖国颂——2020国庆特别节目

https://tv.cctv.com/2020/09/30/VIDEFEA6VzGxBEPN07Wy1ojF200930.shtml?spm=C55953877151.PuvgIQ6NQbQd.0.0

(二) 颁奖晚会

1. 2018中国TOP排行榜

http://tv.cctv.com/2019/07/04/VIDEUXTThtYyJQDFvbMH8Yka190704.shtml

2. 2019年度感动中国人物颁奖盛典

https://tv.cctv.com/2020/05/18/VIDEzSRxvPTS7AP5K5KCF8yQ200518.shtml?spm=C55953877151.PjvMkmVd9ZhX.0.0

3. 2019年中央广播电视总台中国器乐电视大赛

http://tv.cctv.com/2019/10/05/VIDEPv6POngBpHQgvxtNPOOh191005.shtml

4. 第32届中国电影金鸡奖颁奖典礼暨第28届中国金鸡百花电影节闭幕式

http://tv.cctv.com/2019/11/24/VIDE8xukpwYzgpkukaH4x4nB191124.shtml

5. 2019年第七届中华之光——传播中华文化年度人物颁奖典礼

http://tv.cctv.com/2020/02/29/VIDEm6CYKuhOcZBZbAr3G0rH200229.shtml

6. 圆梦中国 德耀中华——第七届全国道德模范颁奖仪式

http://tv.cctv.com/2019/09/15/VIDEd8xjBmirDDpEvWyVo3Kl190915.shtml

(三) 节庆类晚会

1. 春节联欢晚会

(1) 2019年中央广播电视总台春节联欢晚会

http://tv.cctv.com/2019/02/05/VIDEdTInWdaPbQkBf6xQxtQV190205.shtml

（2）2020年中央广播电视总台春节联欢晚会

https://tv.cctv.com/2020/01/25/VIDEJ3tiSZhWFqJ3zHFlwlzv200125.shtml?spm=C55953877151.PuvgIQ6NQbQd.0.0

2. 元宵晚会

（1）2019年中央广播电视总台元宵晚会

http://tv.cctv.com/2019/02/19/VIDENf3ANdGQbOYONz3TDrMb190219.shtml

（2）2020年中央广播电视总台元宵节特别节目

http://tv.cctv.com/2020/02/08/VIDEe9PcYuLSsgsyi1M99seg200208.shtml?spm=C55953877151.PuvgIQ6NQbQd.0.0

3. 中秋晚会

（1）2019年中央广播电视总台中秋晚会

http://tv.cctv.com/special/2019zqwh/index.shtml

（2）2020年中央广播电视总台中秋晚会[①]

https://tv.cctv.com/2020/10/01/VIDENgMeEnTAqYG69j1yCLK7201001.shtml?spm=C45305.PGxxKm2rsS0v.EKt1OSu6bBgy.1

专题晚会　　　颁奖晚会　　　节庆类晚会

---

① 以上训练素材均摘自央视网（www.cctv.com）。

参考文献

1. 杨孟瑜. 回归身体[M]. 北京：生活·读书·新知三联书店，2013.
2. 王伟. 中国古典舞基本功训练教程[M]. 北京：高等教育出版社，2004.
3. 田培培. 形体训练与舞蹈编导基础[M]. 上海：上海音乐出版社，2008.
4. 潘志涛. 中国民间舞蹈教材与教法[M]. 上海：上海音乐出版社，2001.
5. 罗雄岩. 中国民间舞蹈文化教程[M]. 上海：上海音乐出版社，2001.
6. 隆荫培，徐尔充，欧建平. 舞蹈知识手册[M]. 上海：上海音乐出版社，1999.
7. 王晶，张岩松. 形体训练与形象设计[M]. 北京：清华大学出版社，2011.
8. 彭延春，常蕾. 形体训练教程[M]. 北京：中国轻工业出版社，2010.
9. 胡黎娜. 播音主持艺术发声[M]. 北京：中国广播电视出版社，2011.
10. 赵忠祥，白谦诚. 主持人技艺训练教程[M]. 武汉：武汉大学出版社，2003.
11. 俞虹. 节目主持人通论[M]. 北京：中国广播电视出版社，2004.
12. 许嫦，周嘉丽. 电视节目主持人风格与节目主持艺术[M]. 成都：西南交通大学出版社，2014.

后 记

"教好一门课、带好一个班、带出一批弟子、写好一本教材,是每一位高校教师义不容辞的责任和义务。"这是现任北京电影学院党委副书记的胡智锋老师于2014年10月24日为我校青年教师举办的一场题为"中青年教师学术生涯规划"的讲座中提到的一句话。时隔多日,仍记忆犹新。对照自己,"一门课""一个班""一批弟子"都带过了,要说带得有多好,我还真不能妄下定论。但在过去的十多年中,我真的是怀着一颗热忱的心,带着一种真诚的态度来面对我的每一堂课和我所有的学生,唯独遗憾的是没能好好地完成一本属于这堂课的教材。直到中国传媒大学出版社的李水仙老师与我签订了教材的出版合同后,才弥补了我一直以来的缺憾,也帮助我实现了心中的夙愿。

是时候行动起来了!当我坐在电脑前开始把头脑中的"点子"一点一点地梳理成文字的时候,却又觉得是如此的艰难,但好在把课余的所有时间都用来"逼迫"自己了,一次又一次地"逼迫"自己坐下来、静下来……终于赶在2020年的尾巴结束了这段"艰苦的岁月",对于我这样一个头脑简单、四肢也不算发达而且还患有"拖延症"的人来说，敢从舞蹈编导专业跨界到播音与主持艺术专业已经算"大胆"了，而就在此刻又干了一件"胆大包天"的事儿——竟然完成了《主持人形体与体态语实训教程》的编写工作。难道仅仅是"胆大"的原因吗？也许不尽然吧！

　　有时候觉得人这一生中不会始终沿着一条路前行，总得在某个十字路口做出选择，但走着走着似乎又会回到原先的那条路上，不知道这是否算是"不忘初心，方得始终"？16年前，在参加艺考的时候，因为种种原因最终和播音与主持艺术专业擦肩而过，而与舞蹈编导结下了一段"姻缘"。值得庆幸的是，"我还没有离开艺术，我还是在和'语言'打交道，在和艺术做朋友。既然不能继续研究有声语言，那就好好地塑造肢体语言吧！"我时常这么安慰自己。不过，艺术的世界还真是奇妙，两种截然不同的艺术门类竟有着如此亲密的关系。譬如：说话和跳舞就是一样的。说话要有目的，跳舞要有动机；说话要"以情带声"，跳舞要"以情带动"；说话讲求字正腔圆，跳舞讲求动作饱满；说话时，声音要有高低、强弱、虚实、明暗的弹性变化，跳舞时，动作也要有轻重、缓急、刚柔、张弛的美感；说话中的停连就是舞蹈中的造型动作和连接动作……这些都是后来我在工作中悟出的"真理"。

　　说到工作，仿佛又一下回到了2008年的冬天。那时候的我刚刚参加完大四的毕业专场就被我的恩师，时任山西大学音乐学院舞蹈系主任的王力蓉老师引荐至现在的工作单位，当时的学校还叫广播电影电视管理干部学院。当我第一次爬上"老华广"八楼的形体教室，真是既兴奋又紧张。虽然只是担任形体课的助教工作，但面对这样一群学习播音与主持艺术专业的学生，瞬间就有了一种莫名的兴奋劲儿。除了兴奋还有紧张，紧张是因为要从"学生"的身份转变为"老师"的角色了，肩上自然多了一份教书育人的责任。好在整个实习的过程中有刘大秋老师耐心地指导和悉心地帮助，才能够让我得以进步，成功地从一名即将毕业的学生蜕变成一名光荣的人民教师。实习期间的工作得到了各位老师

后 记

和学生的认可，尤其是得到了胡黎娜老师的肯定，才使得我更有信心开展之后的教学工作。从"形体"到"形体语言"再到"形体与体态语"，课改的步伐从未停止，我相信这部教材也将是送给胡黎娜老师的一份最好的"礼物"。在此一并谢过帮助过我的各位恩师，没有你们的教导和帮助就不会有今天的我，也不会有这个"小生命"的诞生。

在写作的过程中，要特别感谢赵娅军老师的"提醒"、刘嘉老师的"唠叨"、孟越老师的"牵线搭桥"、钢琴伴奏史丽霞老师的全力配合以及仇晓莉老师和陈浩老师的大力支持，还有我可爱的学生常璐、凌嘉远、杜志杰、袁宇、张子文、王琰、穆金桥、李妍、王茸、杨少波、潘施瑜、张炳南、李哲川、景思洁、赵丽、李尧、赵永皆、伍俊杰的付出。有了你们，让我觉得我不是一个人在战斗。本课程一直以来得到了山西传媒学院播音主持学院各位老师的大力支持，在此表示由衷的感谢！

由于我的能力着实有限，在教材中尚存在一些不足，我定会在今后的教学中，进一步修正完善，使课程更具科学性、实用性、时效性，也希望相关的专家、老师及读者批评、指正。

李 鹏
2021年1月1日